SORTIR DE LA CRISE

Du même auteur

Permis de construire. Nous vivrons ce que nous changerons, Taillandier, 2015

Avec Pascal Canfin, *Réinventer le progrès. Entretiens avec Philippe Frémeaux*, Les Petits Matins, 2016

Avec Denis Lafay, *Au boulot ! Manifeste pour le travail*, Éditions de l'Aube, 2018

L'Avenir de la justice sociale, Institut Diderot, 2018

Avec Claude Sérillon, *Syndiquez-vous*, Cherche midi, 2019

Laurent BERGER

SORTIR DE LA CRISE

Agir vite, penser loin

CALMANN LEVY

CALMANN LÉVY

COUVERTURE
Maquette : Coco Bel Œil
Photographie : © Bruno Lévy

ISBN : 978-2-7021-6906-3

Aux militantes et militants de la CFDT qui, chaque jour, sont utiles aux travailleuses et travailleurs. Leurs valeurs, convictions et engagement construisent le syndicalisme du XXIe siècle.

INTRODUCTION

Pourquoi ce livre ?

Un syndicaliste est-il légitime pour parler à tous de questions d'intérêt général ? A-t-il le droit de s'aventurer hors du périmètre exclusif de la défense des intérêts des salariés ? Je le crois. C'est même la raison de ce livre.

La CFDT est depuis quelques années la première organisation syndicale française. Je n'en tire aucune gloire, je suis fier de ce que nos équipes et nos militants accomplissent au quotidien et qui leur vaut la confiance des travailleurs. C'est ce travail qui a permis à la parole de la CFDT d'être aujourd'hui de plus en plus entendue dans l'espace public. C'est aussi ce qui explique que les demandes d'intervention soient plus fréquentes, sur des sujets plus étendus. Certains en sont même venus à me soupçonner d'avoir un agenda caché et de nourrir secrètement des ambitions politiques.

Quelle ineptie ! Comme si l'utilité d'un engagement dans la société devait nécessairement se traduire en engagement politique.

Il est vrai, cependant, que notre audience nous confère – et à moi particulièrement – une grande responsabilité. J'ai écrit ce livre pour expliquer en quoi la parole syndicale ne se réduit pas à la seule défense d'intérêts catégoriels. Au contraire : sa légitimité est entière lorsqu'il s'agit de contribuer à définir l'intérêt général.

L'idée de ce livre remonte à la fin du printemps 2019. Depuis, nous avons fait face à une première crise avec une réforme des retraites qui ne correspondait pas à ce qui avait été annoncé par Emmanuel Macron, alors candidat à l'élection présidentielle, et qui a entraîné une vive contestation et une longue grève, particulièrement dans les transports. Le gouvernement donnait l'impression de vouloir passer en force, non seulement sur les aspects de la réforme que nous approuvions (le passage à un système universel des retraites), mais aussi sur des éléments beaucoup plus contestables (la définition d'un âge pivot). A ensuite surgi la crise sanitaire due à l'épidémie de Covid-19. Le pays s'est confiné, et la majeure partie de son activité a été mise à l'arrêt. Cette crise et les évolutions qu'elle a entraînées ont profondément rebattu les cartes. Elle est un révélateur impitoyable des faiblesses et des fragilités de notre société ; elle en indique aussi les possibilités de résilience et les forces.

C'est donc autour de l'impact de cette crise dans toutes ses dimensions, sociales et économiques bien sûr, mais aussi politiques, écologiques et plus largement sociétales, que j'ai réorienté le propos initial du livre après de longs entretiens avec Joël Roman. Qu'il en soit ici remercié.

Nous n'avons mis le point final à ce livre que le 13 juillet 2020, sans savoir encore de quoi l'avenir serait fait ; en prenant le pari que la situation en septembre, au moment de la sortie de l'ouvrage, permettrait de juger de son utilité dans le débat public et du bien-fondé des propositions que je formule. La crise et ses effets n'ont fait que renforcer l'urgence du message de la CFDT en direction de nos concitoyens et de nos gouvernants, alors que le redémarrage économique s'esquisse, que la crise sociale s'annonce et que l'épidémie rôde encore.

Mes convictions

J'ai tenté, dans cet essai, de rassembler quelques-uns des éléments qui me tenaient le plus à cœur, mais qui sont aussi ce que j'ai appris de plus solide du fonctionnement collectif de la CFDT, sur le travail, la protection sociale, la solidarité avec les plus fragiles et les plus exposés. Ma conviction la plus profonde est que, sur ces sujets comme sur de nombreux autres, la méthode est décisive : comment bâtit-on des compromis ? Comment construit-on le dialogue social pour qu'il soit porteur d'avancées collectives et dessine une société plus cohérente et plus apaisée ? Je suis prêt – nous sommes prêts, à la CFDT, à prendre nos responsabilités dans ce moment. Mais il faut que notre ligne de conduite collective, au sortir de la crise profonde que traverse notre pays, repose sur un diagnostic partagé et que chacun des acteurs – État, partenaires sociaux, collectivités locales et territoriales, associations – prenne aussi ses propres responsabilités. Il faut mutualiser les risques pour qu'une démocratie fonctionne. Il faut être plusieurs pour porter des ambitions partagées, quand bien même nous continuerons à nous confronter. C'est une évidence : il n'est plus possible de diriger seul, sans entrer dans une logique de compromis, donc d'écoute sincère et réelle des différents points de vue. Il faut renouveler les principes de notre fonctionnement démocratique, mais aussi de nos capacités à agir.

Cela exige de parvenir à une vision partagée de la société dans son ensemble qui ne soit pas une vision fragmentée. La vision que je défends dans ce livre, c'est celle de la place du syndicalisme et du travail, du souci d'intégration des travailleurs dans le processus de décision collective. Non, le seul horizon des organisations syndicales n'est pas l'entreprise ou l'administration. Non, la société ne peut pas être centrée uniquement sur l'individu, la réussite de chacun, avec une solidarité collective très faible. Je ne veux pas d'une société dans laquelle chacun tente de s'en sortir dans son coin. Je crois que chacun doit pouvoir s'en sortir. Cela exige de se réassurer mutuellement et de faire vivre plus fortement les principes de solidarité dans notre société. L'objectif est de fournir aux gens le pouvoir de s'impliquer dans la mise en œuvre des politiques publiques qui les concernent, de leur donner la capacité d'agir. Non pas se conformer à ce que d'autres ont choisi pour eux, mais leur permettre de décider de ce qu'ils pourront faire. Certains citoyens, comme les organisations collectives, sont pleins d'initiatives, mais ils sont empêchés : il faut leur permettre de *faire*.

Tout le propos de ce livre est de développer cette conviction.

Chapitre 1

CE QUE NOUS AVONS APPRIS DE LA CRISE SANITAIRE

Cette crise a tout d'abord démontré notre capacité à privilégier la vie avant toute autre considération économique ou sociétale : notre choix a été de préserver un maximum de vies humaines par des comportements individuels et collectifs adaptés. Il ne faudra pas l'oublier. Quand il est question de protéger la vie humaine et le collectif, nous sommes capables d'accomplir de grandes choses, d'accepter des contraintes importantes dans nos comportements. Les Français ont su exprimer concrètement leur solidarité et faire preuve de sens civique. Les mesures coercitives ont été drastiques, car la crise sanitaire a été extrêmement brutale. Mais chacun a consenti à la réduction de sa propre liberté pour faire face à l'épidémie, et les consignes ont été très largement respectées. À mes yeux, c'est le constat principal. Pour autant, dans la durée, les libertés individuelles doivent être préservées et nous devrons être attentifs à ce que les dispositions qui ont temporairement suspendu notre droit commun ne soient pas prorogées au-delà de l'état d'urgence sanitaire.

Le deuxième grand enseignement de cette crise, c'est que nous avons besoin de services publics accessibles à tous, sans discrimination, qui fonctionnent efficacement. Cessons de poser les problèmes exclusivement en termes budgétaires. On l'a bien vu en ce qui concerne la santé, avec la question de l'approvisionnement en masques : il faut rompre avec la logique économique du flux tendu à l'hôpital. Au-delà de la santé, tout le monde a pu constater que de nombreuses activités comme l'éducation, la recherche, l'énergie ou la propreté sont non seulement essentielles au fonctionnement de notre société, mais également constitutives de notre émancipation et de notre capacité à vivre ensemble et correctement. Plus généralement, cette crise a mis en lumière le rôle de ceux qui assurent par leur travail la satisfaction des besoins vitaux de la population. Elle a remis au centre de notre vie sociale l'impératif de protection, au bon sens du terme : le *care* – l'exigence première de prendre soin des autres.

Une autre leçon importante a été de voir notre système de protection sociale jouer pleinement son rôle. Nous avons fait la démonstration que nous ne sommes pas piégés dans le système ultralibéral décrit par certains, où chacun serait livré à lui-même et devrait se débrouiller. Certes, il y a eu des « trous dans la raquette », le système a montré des failles, mais il a malgré tout joué son rôle d'amortisseur et de filet de sécurité pour beaucoup de gens. Nous avons su faire face à ses faiblesses pour les travailleurs très précaires, les jeunes, les salariés du particulier employeur, les indépendants... Imparfaitement, c'est certain, mais, grâce à nos alertes successives, nous avons pu faire en sorte que la protection sociale soit étendue à des travailleurs ou à des citoyens qui en étaient éloignés. Le chômage partiel a été largement activé, à la différence de ce qui s'est passé lors de la crise de 2008. Sans ce dispositif, des milliers de travailleurs supplémentaires seraient déjà au chômage et un nombre plus important d'entre eux seraient aujourd'hui dans l'incapacité de vivre et de se nourrir correctement. De cela aussi, il faudra se rappeler. Parce que demain, n'en doutons pas, reviendront les arguments qui insisteront d'abord sur le coût de ces dispositifs sociaux et de cette protection sociale, qui est une œuvre formidablement efficace.

Le rôle des « invisibles » et les inégalités

La crise a mis en évidence l'utilité et l'importance de certains métiers, de certains services, que l'on pourrait qualifier de « publics » tant ils nous sont indispensables ; ils sont pour l'essentiel assurés par des femmes. On a découvert à cette occasion leur forte valeur ajoutée sociale ; pourtant, ils ne bénéficient que d'une faible reconnaissance sociale et sont surtout très mal rémunérés.

Il faut cependant éviter ici deux pièges. Le premier serait de considérer que ceux qui n'étaient pas en « première ligne » pendant la crise sont inutiles. L'utilité varie selon les circonstances. Les crises étant souvent imprévisibles, d'autres métiers prouvent déjà leur utilité, ou ils la prouveront demain. Le second danger est de penser que la leçon ne vaut que pour ceux qui nous dirigent. Or elle s'adresse à tout le monde. Une coiffeuse me disait que cette crise avait changé le regard de ses clients sur son métier parce qu'ils la considéraient mieux. Le président de la République n'est pas le seul à s'être souvenu de l'importance du travail des caissières dans les supermarchés ; une partie de la population les avait aussi oubliées. Je crains que ceux qui nous gouvernent oublient les travailleurs qui ont fait face et que, au-delà des primes d'après-crise, on néglige la nécessaire revalorisation de leurs métiers et la considération à laquelle ils ont droit. Je ne crains pas moins que, en retrouvant ses habitudes, la société les méconnaisse à nouveau. Nous devrons tous être vigilants sur ce point dans la période à venir.

Cette crise a mis en évidence des situations d'inégalité criantes dans notre société. Elles concernent d'abord tous ceux qui sont à la marge de notre système de protection sociale ou des formes d'emploi normalisées : les précaires, les indépendants – même si on a rattrapé les choses avec des mesures spécifiques –, mais aussi les plus fragiles, les sans-abri, les migrants – particulièrement touchés par l'épidémie –, ou encore les personnes dépendantes, les personnes en situation de handicap ou les victimes de violences intrafamiliales. Les inégalités qui touchent ces personnes se sont accentuées pendant cette période. Ce fut particulièrement sensible en matière de logement, par exemple. Quand on est confiné, ces inégalités-là pèsent plus lourd. Au moment où le pays entame la traversée d'une grave crise économique, la tentation est grande d'orienter prioritairement l'action économique et sociale vers la protection des « inclus ». Je vois bien se profiler la manière dont certains, dans la classe politique mais également parmi les dirigeants économiques, envisagent de faire repartir la machine sans se soucier de ceux qui ne suivent pas. Si cette crise doit nous enseigner quelque chose, c'est que les actions de solidarité mises en œuvre par l'État, les systèmes de protection sociale, les solidarités construites ne doivent pas laisser sur le carreau nos concitoyens les plus fragilisés.

L'écoute des travailleurs, une bonne méthode en période de crise

La crise a été vécue différemment par les travailleurs. On peut distinguer trois grandes catégories de situations. D'abord, les personnes qui se sont trouvées exposées et ont été très inquiètes pour leur santé. Parmi celles-ci, certaines ont dû attendre avant de recevoir les protections minimales : masques, parois en plexiglas, etc. Les premières semaines ont été l'occasion de nombreux cafouillages en matière de protection individuelle. Dans la grande distribution, nous avons été confrontés à quelques employeurs qui ont refusé de mettre en place les protections élémentaires. Cependant, dans la grande majorité des cas, ils les ont installées. J'ai pu observer directement ces deux types de comportements. Dans une enseigne de supermarché, ils ont très vite décalé la mise en rayon, installé les protections, régulé le flux des clients, et ont rendu le masque obligatoire. Dans une autre, aucune organisation n'a été modifiée. On pouvait s'y rendre comme si de rien n'était. Il a fallu quelques semaines avant que les choses ne commencent à changer. Un travailleur du premier établissement m'a expliqué que, dès le début, ils avaient pris le temps de se réunir avec la direction et d'exprimer leurs craintes. Dans l'autre, il ne s'était rien passé. La crise a ainsi révélé l'état du dialogue social dans les entreprises, et les différences de l'une à l'autre. Notre constat, à la CFDT, c'est que ceux qui connaissent les risques associés aux conditions de travail, y compris les risques qui n'étaient pas prévus, sont ceux qui travaillent dans l'entreprise : les salariés. En règle générale, quand ils ont été écoutés, tout s'est passé intelligemment.

Ensuite, un grand nombre de personnes ont été concernées par la mise en place massive du télétravail. Si certains l'ont vécu positivement, il ne faut pas croire que ce fut un long fleuve tranquille pour tout le monde, notamment quand il a fallu s'occuper en parallèle des enfants. Ce confinement a d'ailleurs révélé un déséquilibre persistant dans la répartition des charges familiales au sein des foyers : les conditions de télétravail ont été plus difficiles pour les femmes qui assument davantage que les hommes les tâches relevant de l'entretien du foyer et des enfants. Inégalité supplémentaire : tout le monde n'a pas un espace de travail aménagé avec un fauteuil de bureau ergonomique à son domicile. Le télétravail dans un espace réduit que l'on partage à plusieurs a pu se révéler extrêmement compliqué. Au-delà des conditions matérielles, le télétravail a pris la forme pour certains d'une intensification du travail ; pour d'autres, la difficulté a été d'articuler les temps et les espaces, le travail débordant jusque dans les chambres. Et, dans bon nombre de cas, cela a compliqué les relations avec la hiérarchie, avec parfois des demandes inconsidérées en termes de charge de travail, ou de la défiance. En effet, le management d'une équipe, le lien avec les salariés, ne se pratique pas de la même manière dans une relation en présentiel et dans une relation à distance. Durant cette période, nous avons constaté que le télétravail impliquait de faire évoluer le management dans les entreprises. Et aujourd'hui, après le confinement, nous avons une certitude : le télétravail peut répondre à des aspirations de nombreux travailleurs, mais il ne peut pas être un mode généralisé de travail. Boire un café, tisser des relations informelles, créer du lien humain, échanger avec des collègues… cela fait partie du travail et de ce qu'il apporte humainement. C'est essentiel pour faire le lien et pour la qualité de la relation professionnelle. Clairement, cette période de confinement nous amène à aller plus loin dans le développement volontaire du télétravail, mais aussi à l'encadrer par des accords collectifs. Car seule la négociation peut apporter des réponses adaptées à des questions complexes : quelle organisation permet de tenir compte à la fois des aspirations individuelles au télétravail et de la nécessité du collectif pour un travail créatif et convivial ? En creux, la généralisation du télétravail nous réinterroge sur le travail en général (que vient-on faire quand on se rend au bureau ? Quel est le rôle du travail informel – la discussion entre deux portes, par exemple – dans la capacité de bien faire son travail ?). Il y a là une opportunité majeure à saisir : repenser l'organisation du travail ne coûte pas forcément beaucoup d'argent, mais cela peut changer le quotidien des travailleurs.

Enfin, des salariés ont été placés en chômage partiel. Pour eux, notamment les salariés dans les petites et moyennes entreprises, la crise sanitaire a représenté une baisse sensible de revenus, le chômage partiel n'étant rémunéré qu'à hauteur de 84 % du salaire net. À la fin du mois, cela fait une vraie différence. Cela a entraîné chez certains une crainte pour leur avenir professionnel, chez d'autres, un sentiment d'inutilité. L'activité partielle, ce n'est pas des vacances, c'est une charge mentale importante et souvent difficile à vivre. Au moment où paraît cet ouvrage, de nombreux salariés sont toujours en chômage partiel et le seront encore dans les mois à venir. C'est mieux que de perdre son emploi, mais c'est tout de même une épreuve.

Ainsi, nous avons tous vécu des situations différentes ; nous opposer les uns aux autres pour diviser le monde du travail serait une erreur. C'est pourtant ce qui a commencé à se passer dès la fin du confinement, quand certains ont voulu monter en épingle des oppositions d'un autre âge entre « cols bleus » et « cols blancs », avec la critique des « planqués » qui télétravaillaient... Cultiver ces oppositions entre travailleurs est une profonde aberration, car chacun a dû faire face à une situation qui lui était imposée. Au contraire, en tenant compte des spécificités professionnelles, des évolutions du travail, des aspirations et des contraintes différentes, le défi va être d'imaginer de nouvelles organisations du travail, respectueuses de chacun et garantes d'un collectif de travail.

L'État ne peut agir seul

Étrangement, la crise a mis fin au sentiment que la politique était impuissante. Des choix ont été faits, des décisions ont été prises. Si le politique avait été absent, on aurait constaté la propagation du virus sans rien faire, sans soutenir l'économie, sans mettre en place des filets de sécurité. L'absence de puissance publique, de protections collectives, c'est un peu ce que l'on observe avec la gestion de la pandémie aux États-Unis. Ce n'est pas ce qui s'est passé ici, et c'est tant mieux. C'est grâce au politique que nous avons adopté les comportements qui nous ont permis de traverser cette période en déplorant le moins de morts possible. Force est de reconnaître que l'État a été là, qu'il est intervenu et qu'il a joué son rôle. Ce qui évidemment ne veut pas dire que tout a été bien fait.

L'action des agences régionales de santé, par exemple, n'a pas eu la même efficacité d'une région à l'autre selon qu'elles aient pu s'appuyer ou non sur une dynamique territoriale. Selon moi, l'État a fait l'expérience des limites de la politique d'aménagement du territoire suivie depuis des années : une trop grande centralisation assortie d'une faible confiance dans les acteurs et d'une restriction de leurs moyens. L'État peut beaucoup, mais il ne peut pas tout. Cela nécessite la mise en mouvement de tous les acteurs sociaux, économiques, politiques. Cette crise a prouvé que les choix globaux n'ont de sens et d'efficacité que s'ils trouvent une concrétisation effective. Cela exige un changement de logique et la fin d'une certaine verticalité stérile.

Autre exemple : dans cette période, on a constaté une vraie volonté politique du ministère du Travail de contrôler les entreprises pour sanctionner celles qui ne jouaient pas le jeu en matière de protection de la santé de leurs salariés. À la sortie, on ne pourra pas dire au gouvernement qu'il n'a pas voulu traiter la question de la santé des salariés. Cela a été clairement son objectif numéro un. Or, pour mettre en œuvre une politique de ce type au niveau des entreprises, il a besoin de relais et d'acteurs engagés au plus près des réalités. Cela s'appelle le dialogue social. La puissance publique doit se donner les moyens de son ambition et se pourvoir de dispositifs de contrôle efficaces. Aujourd'hui, l'incapacité de l'Inspection du travail à contrôler un nombre conséquent d'entreprises par manque de moyens permet à certains de tricher sans en subir les conséquences. Dans certains cas, nous sommes intervenus et des comportements délictueux ont pu être stoppés. Un dirigeant d'une entreprise de la Loire avait par exemple décidé que le virus n'était qu'une petite grippe. Il a voulu prescrire de la chloroquine à tous ses salariés. Nous avons fait arrêter le processus. À la suite de notre intervention, l'Inspection du travail et le préfet ont fait ce qu'il fallait. Mais, en règle générale, il n'y a pas assez de moyens de régulation et de contrôle.

Pour intervenir, l'État a besoin d'un maillage national digne de ce nom. Je pourrais également citer l'exemple de la DGCCRF[1]. On se souvient du scandale suscité par la substitution de viande de cheval à la viande de bœuf dans une usine. Si aucun agent ne contrôle ce qui se passe, les scandales se répètent.

En revanche, nos échanges avec les responsables régionaux de la CFDT nous ont permis de constater que les Direccte[2] ont su jouer leur rôle pour l'emploi. Les directeurs régionaux du travail animent leurs équipes en lien avec les acteurs locaux : le monde de l'entreprise, les élus locaux et les organisations syndicales. Ils sont, en règle générale, capables de savoir très vite ce qui se passe sur le terrain et d'agir si cela se révèle nécessaire.

La question est donc de savoir si l'État se suffit à lui-même. La réponse est non. Cela n'a pas été le cas dans la gestion de cette crise ; ce ne le sera pas plus demain. L'État a manqué de capteurs. Il a montré qu'il pouvait intervenir, soutenir, aider, réguler des choses, mais il manque de moyens pour capter les réalités suffisamment tôt dans les régions, et de capacités de coordination pour agir efficacement sur le terrain.

1. Direction générale de la concurrence, de la consommation et de la répression des fraudes.

2. Directions régionales des entreprises, de la concurrence, de la consommation, du travail et de l'emploi.

Le rôle essentiel des collectivités locales et territoriales

La puissance publique ne se résume pas à l'État, et il ne devrait pas être le seul à qui incombe la mise en œuvre des décisions politiques. Heureusement, dans beaucoup de circonstances, les choses ont été prises en main par d'autres acteurs.

Cette crise a notamment démontré l'importance des collectivités territoriales pour faire face. L'État doit cesser de décider seul et de demander aux autres de faire sans avoir été associés à la décision, cela ne marche plus. L'État va devoir redéfinir de nouveau ses missions stratégiques, comment il les exerce et les partage avec d'autres lorsqu'il n'a ni la volonté ni les moyens de les exercer lui-même.

Dans la période qui arrive, nous aurons besoin de davantage d'initiatives territoriales et de décentralisation, particulièrement en matière d'emploi. Il ne s'agira pas de creuser les inégalités, mais de faire du « sur-mesure » en fonction de réalités territoriales. Par exemple, sur les questions d'emploi et de compétences, il n'est pas envisageable de mener les mêmes actions partout, sans prendre en compte la nature des bassins d'emploi et les caractéristiques des personnes qui y travaillent. Nous allons peut-être revenir à des périodes où nous faisions des plans de formation par territoires, au plus près des bassins d'emploi. Associer dans les territoires tous les acteurs à des réflexions sur l'évolution des emplois et des besoins de compétences, c'est ce que nous devrons réaliser dans les mois et les années à venir. Voilà pourquoi nous proposons des projets territoriaux pour l'emploi, des cellules de soutien aux salariés des très petites entreprises (TPE).

Pour donner un autre exemple : on parle beaucoup de circuits courts pour s'inscrire dans la transition écologique. De bonnes initiatives ont vu le jour pendant cette période. Un certain nombre de producteurs agricoles ou de la mer ont dû trouver d'autres formes d'organisation et de distribution. Demain, pourquoi ne pas offrir plus d'espace à ces initiatives dans les territoires ? Au niveau national, ce serait une bonne chose de donner les grandes lignes et les grands cadres et de laisser de la marge de manœuvre, du « pouvoir d'agir » aux citoyens, à la société civile, aux collectivités territoriales.

Nous avons vu un certain nombre de maires revendiquer la possibilité d'agir, de décider, y compris pour des choses toutes simples, comme de demander la réouverture de leur littoral aux préfets. Ils ont aussi assumé, pour nombre d'entre eux, leurs responsabilités en termes de politique sociale en direction des plus fragilisés. Je souhaite que cela se poursuive.

Ils ont également, pour beaucoup, refusé la polémique facile avec le gouvernement et endossé leur rôle : faire vivre la solidarité, faire redémarrer les écoles pour éviter le décrochage des élèves qui accentuerait encore les inégalités sociales. C'était extrêmement responsable et notre société a besoin d'acteurs locaux responsables. Ils n'ont de toute manière pas le choix, car on leur demandera : « Qu'avez-vous fait ? » Les acteurs sociaux, associatifs et syndicaux doivent s'inscrire dans cette même logique. La fonction de plaidoyer est importante, mais pas suffisante dès lors que l'on décide d'agir concrètement.

Une nouvelle dynamique de la société civile organisée ?

Sans les acteurs sociaux, il n'y aurait eu aucune remontée d'informations du terrain. La CFDT s'est fortement mobilisée pour jouer ce rôle. Nous avons ouvert une boîte mail afin de répondre aux interrogations et aux inquiétudes de toutes les personnes qui nous contactaient. Cela nous a permis de capter et de faire remonter leur situation individuelle, puis de mettre en place une FAQ (foire aux questions) qui a été consultée plus d'un million de fois ! Nous avons également planifié des remontées d'informations *via* nos fédérations et nos unions régionales, en partenariat avec leurs adhérents et les salariés. Nous avons beaucoup alimenté la politique publique pendant cette période. Nos interpellations auprès du gouvernement ont permis d'obtenir un certain nombre de résultats : l'activité partielle pour les salariés des particuliers employeurs, l'aide aux ménages les plus pauvres, l'aide aux jeunes, la poursuite de l'indemnisation des chômeurs en fin de droits, la reconnaissance de la cause professionnelle du Covid-19 pour les salariés exposés, les aides au logement… Sans tomber dans la critique facile à l'égard du gouvernement – il a le plus souvent répondu –, il subsiste un problème général d'articulation de son action avec les acteurs de terrain. Nous ne pouvons rester cantonnés dans le rôle de ceux qui se contentent de remonter les informations. L'État doit désormais tenir compte de tous les acteurs qui ont joué un rôle dans le traitement de la crise sanitaire.

Les associations de lutte contre la grande exclusion ont réalisé un énorme travail, notamment pour mettre à l'abri les SDF. Désormais, lorsqu'il sera question de politique de logement et de prise en compte de la grande exclusion, il serait bon qu'elles participent davantage à l'élaboration des politiques publiques.

Enfin, je note que les actions de solidarité se sont multipliées dans les territoires. Dans beaucoup de domaines, nul besoin de l'action publique pour que des solidarités s'organisent : des solidarités de voisinage, familiales, amicales, professionnelles, qui avaient toutes en commun de prendre l'autre en compte. On a assisté à des initiatives très inventives dans les territoires sur des questions de vie quotidienne. Dans le Gard, des producteurs locaux se sont organisés pour écouler leur production. Comme ils ne pouvaient plus faire les marchés, ils ont mis en place des circuits de distribution alternatifs avec un système de dépose de paniers devant les habitations. Et cela a fonctionné ! Sans intervention publique, dans une pure dynamique citoyenne. Sur la côte atlantique, des ostréiculteurs se sont aussi organisés dans ce sens. Si ces actions peuvent mettre en valeur la capacité d'initiative locale et la nécessité de la solidarité, ce sera une avancée majeure.

Le secteur associatif est parfois perçu comme un simple supplément d'âme : de bonnes intentions, mais peu efficaces. Pourtant, on l'a vu pendant la crise, ce sont bien des citoyens qui se sont organisés pour conduire des actions de solidarité, créer du lien social, dispenser l'éducation populaire… ce qui a contribué à faire tenir notre pacte social. C'en est même un vecteur essentiel. C'est vrai également pour les organisations syndicales. Cette période a montré que des acteurs responsables faisaient face quand c'était nécessaire, en agissant au plus près de la réalité des problèmes. Est-ce que cela va en direction d'un nouveau lien social, voire d'un désir de fraternité ? Ou est-ce seulement la dynamique d'un moment passager, appelée à s'essouffler avant que l'on retombe dans le monde d'avant ? Pendant la crise, on a constaté un bond des dons aux associations de lutte contre la pauvreté. Cela va-t-il perdurer ?

Une crise pour repenser l'économie

La crise a également été riche d'enseignements sur le plan économique. Nous avons constaté que nous avions laissé partir hors d'Europe des filières économiques stratégiques pour les populations, notamment dans la santé et le secteur alimentaire. C'est un problème important auquel il faudra remédier aux niveaux national et européen, sans basculer dans le repli sur soi.

On a également observé que, en temps de crise, les entreprises privées ont besoin de la puissance publique. J'attends avec impatience la prochaine fois que j'entendrai des chefs d'entreprise nous dire que la priorité est de réduire la voilure en termes de dépenses publiques. Que les entreprises soient dépendantes de la puissance publique, cela n'a rien de scandaleux pour moi. Il ne s'agit pas de dire non plus qu'il faut nationaliser toutes les entreprises, mais la preuve est faite que nous avons besoin d'un État qui puisse intervenir, qui ait les moyens de son action et qui ne soit pas l'État minimal que les ultralibéraux nous vendent à longueur de journée. C'est pourquoi il faudra que l'État aide certaines filières et grandes entreprises nationales dont la valeur aura fortement chuté, et qu'il les protège face à un certain nombre de fonds vautours qui tenteront de s'en saisir à peu de frais. Cela appellera aussi à plus de régulation. On a également observé l'agilité des entreprises qui ont adapté leur outil de production afin de fabriquer du gel ou des masques. Cela signifie que l'on peut compter sur cet appareil productif et imaginer, pour demain, d'autres types de productions s'inscrivant dans une économie moins carbonée. Je pense que grâce à cette plasticité, on pourra réorienter un certain type de production vers d'autres activités, selon les débouchés et les besoins, en s'inscrivant pleinement dans la transition écologique. Ce n'est pas nouveau : ainsi, depuis quelques années, les Chantiers de l'Atlantique ne fabriquent plus exclusivement des bateaux, mais aussi des éoliennes offshore, ce qui n'a rien à voir avec un bateau si ce n'est que cela flotte.

On a aussi remarqué que les entreprises solides n'étaient pas les plus fortement financiarisées. Les marchés financiers sont très volatils. On l'a encore vérifié pendant cette crise. Au moindre problème, on assiste à une forme de panique. Face à cela, les entreprises plus sécurisées en matière de capital, comme celles de l'économie sociale et solidaire, ont eu une capacité de résistance différente.

La crise a également mis en évidence le comportement des banques et des compagnies d'assurances à l'égard des petites entreprises. Certaines, comme le Crédit Mutuel ou la MAIF, ont mis en place des aides aux TPE et aux indépendants, ce qui s'est révélé être un vrai soutien. En revanche, pour d'autres petits commerçants, cela a été plus compliqué. Je reprends l'exemple de cette coiffeuse, qui était assurée contre le risque de fermeture administrative. Son assurance – totalement privée, non mutualiste – doit maintenant lui verser son indemnisation, mais, au lieu de s'en acquitter, elle tente de s'y soustraire en invoquant diverses raisons. Ainsi, les sociétés d'assurances qui privilégient la logique de la mutualisation des risques mais aussi des profits, ainsi que la logique de la coopération, en restant attentives au fonctionnement de l'entreprise et de sa production de biens ou de services – pas simplement à sa dimension financière – démontrent une meilleure solidité, une certaine cohérence et une bonne compréhension de la manière dont les choses se passent sur le terrain. Le gouvernement a parfois renâclé à accorder les aides d'État aux entreprises de l'économie sociale et solidaire en considérant qu'elles n'étaient pas de véritables entreprises, puisqu'elles ne fonctionnent pas intégralement selon une logique de marché. Mais c'est là une vision de l'économie qu'il faut revoir. Il serait perspicace de la part des acteurs de l'économie sociale et solidaire d'améliorer leur capacité à s'organiser et à tenir un discours commun – ce qu'ils peinent à faire parfois – afin d'accroître leur puissance de frappe. Encore une fois, je ne dis pas ici qu'il y a les bons et les méchants, ni que demain l'économie devra être sociale et solidaire à 100 %, mais cela fait partie des enseignements de la crise.

Lors des dernières décennies, le débat économique s'est souvent situé sur ce qui était délocalisable et ce qui ne l'était pas. Avec cette conviction que ce qui n'était pas délocalisable bénéficiait finalement d'une forme de sécurité absolue. C'est ce qu'on appelle les industries de l'art de vivre qui incitent à la convivialité, au lien, à l'échange, à la découverte, à la culture. Elles ont été directement affectées par la crise, qui a révélé leur importance, mais aussi leur fragilité. Les spectacles qui n'ont pas été vus vont-ils être reprogrammés ? Les bars, cafés et restaurants, les centres de sport et de loisirs, les théâtres et cinémas, le tourisme, tout cela forme le cadre de notre vie quotidienne, du goût de la vie. Il va falloir les soutenir dans la durée pour qu'ils repartent, mais cela ne va pas être simple. C'est le cas de nombreux petits clubs ; je pense notamment à un club de gymnastique rythmique et sportive dont un militant m'a fait part de sa crainte que des animateurs soient remerciés. Ce serait un cercle destructeur, car, demain, le club ne pourrait accueillir des jeunes par manque d'animateurs. Le chômage partiel a permis de maintenir les emplois, mais, quand il va s'arrêter, ces structures ne pourront pas forcément les conserver. Et un autre problème se dessine : va-t-on réinscrire nos enfants si le virus est toujours là ? Par ailleurs, combien de bars vont disparaître ? Pas forcément ceux des quartiers très fréquentés, mais dans de nombreux endroits, il sera très difficile de les préserver. Lors du mouvement des Gilets jaunes, nous avions dit qu'il fallait rouvrir des cafés, car ce sont des endroits où les gens se côtoient, se parlent, créent du commun et discutent. Ces dernières années, on assistait d'ailleurs à un regain de création de ces lieux de convivialité. Beaucoup seront menacés demain. Toutes ces questions peuvent paraître annexes face à ce qui arrive du point de vue économique, pourtant, ce sont de vrais sujets qui touchent la vie des gens.

Éviter que le monde du travail ne se fracture

Dans les réunions internes à la CFDT, nous avons écouté les difficultés réelles, voire la souffrance d'un certain nombre de travailleurs, notamment les soignants qui ne comprenaient pas toujours que l'on puisse réclamer des indemnisations dans le cadre d'emplois moins exposés. Notre société adore les divisions. Elle adore découper les catégories en tranches. Il faudra faire attention à ce que ni les syndicats ni les acteurs politiques ne se prêtent à ce jeu. Ce serait une bêtise d'ériger certains en héros et de traiter d'autres de planqués. Cependant, il faudra tenir compte de certaines différences de situations dans les entreprises, qui en disent long sur l'organisation du travail. Ce que je dis ne vise pas des différences entre secteurs professionnels, mais au sein même des entreprises où 94 % des ouvriers étaient présents sur le lieu de travail pour seulement 36 % des cadres. C'est une réalité. Il faudra prendre cela en considération demain quand il s'agira de recréer des collectifs et des organisations du travail, sans quoi nous courons le risque d'accentuer les fractures sociales.

En outre, cette crise a mis en lumière l'importance des risques psychosociaux. Dès le départ, la CFDT avait prévenu que nous ne sortirions pas de la crise comme nous y étions entrés. On ne peut pas confiner les gens chez eux pendant huit semaines et considérer qu'ils reprendront comme avant, comme s'il ne s'était rien passé. La grande majorité s'en sortira, je l'espère, mais les risques psychosociaux ne sont pas négligeables. Nous avions demandé très tôt qu'en plus du Conseil scientifique Covid-19, le gouvernement mette en place un comité d'experts en sciences sociales pour aider à décider de ce qu'il faudrait faire, du point de vue humain, dans le cadre du confinement. Cela n'a pas été fait. C'est une erreur, et je pense qu'on en subira les conséquences. La presse a beaucoup parlé des effets du confinement dans les couples ; il y en aura à bien d'autres niveaux. Le seul fait de ressortir dans les rues est quelque chose de particulier. On ressent des choses inédites, notamment du fait que de nombreuses personnes portent un masque. Cela n'est pas traumatisant, mais cela modifie le lien social. On ne reconnaît plus spécialement le voisin que l'on croise depuis des années ; sans compter que, distanciation physique oblige, les gens « s'évitent ». Quand on emmène son enfant au square de nouveau ouvert, on fait en sorte qu'il n'aille pas jouer avec les autres. Pour certains, ce n'est pas grave, mais, pour d'autres, les expériences d'évitement, de solitude auront un impact dès lors que le monde extérieur n'est plus le même. Sans que je puisse en mesurer tous les effets, je suis persuadé que cette période mériterait qu'on l'analyse aussi sous le prisme de ce qu'elle va produire sur notre capacité à « faire société ».

La crise sanitaire, un modèle pour penser la crise écologique

Cette crise nous a fait privilégier la vie humaine face à un risque exogène, mais je ne suis pas sûr que cela nous ait sensibilisés à la question écologique. Il est même possible qu'on ait reculé sur ce point. Cette crise devrait pourtant nous permettre de mieux appréhender l'urgence du risque écologique, en faisant un parallèle entre crise sanitaire et crise écologique. Notre rapport au risque est lié à notre rapport au temps. Le risque de voir mourir à un moment donné plusieurs dizaines de milliers de personnes du fait d'un virus n'est pas vécu de la même manière que les morts éparses de centaines de milliers de personnes qui s'échelonnent tout au long de l'année en raison de la dégradation de l'environnement. Si nous avons plus de tolérance pour le second cas, c'est uniquement parce que le phénomène est plus étalé dans le temps. J'espère que cette crise nous amènera à considérer que la condition environnementale est une question de santé publique et de respect de la vie humaine.

Nous avons tout mis à l'arrêt pour sauver des vies. En France, on dit que le confinement, c'est douze points de PIB en moins et soixante-deux mille vies épargnées. Juste avant le 15 mars, on annonçait qu'il était possible de faire autrement sur le plan économique pour arriver à plus de sobriété écologique, mais il n'était pas question de perdre douze points de PIB. Or, dans le second cas, il ne s'agit pas de sauver soixante-deux mille vies, mais beaucoup plus, à l'échelle de l'Europe et de la planète. Si on adopte la même logique, la transition écologique n'est pas une option, elle est une obligation. On a plus de mal à l'appréhender, car la temporalité est plus étirée, c'est beaucoup plus diffus que ce virus. Il faut qu'on réussisse à rediscuter de ce rapport au risque. Je ne voudrais pas le résumer ainsi, mais je crois que plus d'enfants meurent à cause des effets de la pollution que des suites du coronavirus. Nous avons été capables de faire tout cela, car nous ne voulions pas que des personnes plus vulnérables décèdent. Il sera essentiel d'aborder de nouveau ce rapport au risque en mettant en avant la préservation de la vie humaine dans notre approche de la question environnementale.

Du bilan politique de la crise à un nouveau modèle de développement

Il faudra faire le bilan de la crise et en tirer les leçons, ce qui ne veut pas dire clouer au pilori Untel ou Untel. Tous ceux qui souhaiteront surfer sur le bilan d'une crise pour « faire la peau » à leur adversaire politique auront tort. J'échange avec beaucoup d'acteurs politiques et je pense que nombre d'entre eux devraient faire preuve de plus d'humilité. La grandeur politique serait de reconnaître que ce que nous avons traversé est totalement inédit, avec en outre un système hospitalier en grave crise – et ce n'est pas faute de l'avoir dit à ce gouvernement-là et aux précédents. La CFDT ne cherchera ni à faire la polémique ni à faire le procès du gouvernement. Faire face à cette crise n'avait rien de simple. Cependant, nous sommes dans une démocratie, et il est normal de faire le bilan de ce qui a fonctionné et de ce qui n'a pas fonctionné. Ce qui fera la vertu des acteurs de demain sera leur capacité à lire ce qui s'est passé, sans aucune concession. C'est dans cette perspective que nous posons la question de la responsabilité du gouvernement.

Le sentiment que la technocratie domine ce pays prévaut depuis trois ans ; et ce n'est peut-être pas qu'un sentiment. Cela crée une défiance excessive face au comportement de nos dirigeants. On l'a senti pendant cette crise : la confiance s'est dégradée assez vite, essentiellement à cause de la communication gouvernementale qui a commis des erreurs, comme les atermoiements à répétition sur les masques qui ont eu un effet délétère sur la confiance. Je ne veux pas polémiquer, mais, dans le cadre de cette crise, quelque chose n'a pas bien fonctionné : à partir du moment où l'on sait que l'on n'a pas assez de masques disponibles, on ne dit pas qu'ils ne sont pas nécessaires juste pour ne pas être pris en défaut. Si ce n'était un mensonge, c'était au moins une omission.

Autre exemple : l'école et la décision de renvoyer sur les parents la décision de remettre ou non leur enfant à l'école. Cela revenait à leur faire porter la responsabilité d'une décision qui ne dépendait pas d'eux. Quand on est obligé d'aller travailler et d'être physiquement présent sur son lieu de travail, on ne peut pas faire autrement que d'envoyer son enfant à l'école. Pour certains, mettre son enfant à l'école alors que la sécurité absolue n'était pas garantie donnait l'image de parents irresponsables. Pour d'autres, ne pas envoyer son enfant à l'école, c'était faire preuve d'égoïsme et donner le sentiment que la prise de risque était réservée aux pauvres. Je caricature, mais c'est une vraie question. Il me semble que nous aurions pu dire que l'école était indispensable aux enfants, et qu'en prenant le maximum de précautions il aurait fallu faire le choix collectif de rouvrir les écoles pour tous les enfants au bon moment. En tout cas, cela ne pouvait être laissé au seul volontariat et donc à la seule responsabilité individuelle.

Quant à la gestion de l'après-crise, nous avons deux options. D'une part, nous pouvons chercher des responsables. Et d'autre part, nous pouvons faire le bilan pour éviter de reproduire les mêmes erreurs. Un peu comme après le crash d'un avion : on cherche avant tout à éviter que l'avion suivant ne se crashe plutôt que de chercher des responsables. Cela n'éxonère évidement pas de pointer les erreurs ou éventuelles fautes le moment venu.

Sur le plan des responsabilités, le risque est de vouloir faire la démonstration que tout ce qui a été fait a été mal fait, et que c'est un échec. Quand un responsable politique déclare qu'il faut mettre fin rapidement au confinement, puis, quand le déconfinement arrive, que c'est du suicide, qu'on envoie les gens à l'abattoir, ce n'est pas raisonnable.

Si l'on ne veut pas se résigner à « redémarrer comme avant », il faut, au-delà d'un premier bilan, prendre le temps de définir ce que l'on veut faire ensemble de notre pacte social et républicain. Si l'on ne s'attelle pas à cela, on aura perdu une occasion. Le gouvernement aurait dû dire qu'après avoir conduit son action en faisant le choix de la vie avant celui de l'activité économique, avoir assumé ce choix parce que tout n'est pas économie, il s'engageait dès maintenant à définir de nouveaux indicateurs de progrès.

Ces indicateurs existent déjà. La performance économique et le PIB en font partie, car ils sont évidemment importants, mais on y trouve aussi les questions de la santé, de l'accès à l'éducation, du nombre de personnes en situation de pauvreté et du respect de la biodiversité. Ce sont ces indicateurs qui devront nous guider, sans naïveté. Il faut bien sûr que la machine économique reparte et que l'on crée de la richesse, car c'est ainsi que l'on redistribue. Mais notre action collective devra être guidée par l'ensemble des indicateurs disponibles que j'ai mentionnés, en cherchant les équilibres entre chacun. Une fois que cela aura été énoncé, il faudra certes se préparer à affronter des jours difficiles, mais le départ sera différent. Si la logique est de faire repartir la machine économique avec pour seul objectif de rattraper le retard, sans se soucier des impacts sociaux et écologiques, la société ne supportera pas ce redécollage. Elle craquera.

Or la crise a mis en évidence la réalité du danger qui pèse sur notre démocratie, avec le complotisme permanent. La profusion de contre-informations a aussi été un des effets de cette crise, avec pour certains l'attirance des régimes autoritaires. On a quand même vu des gens vanter la Chine et sa gestion de la crise, ou encore la Corée du Sud. Or la Corée du Sud est un régime formellement démocratique, mais qui reste très autoritaire : c'est un pays où la répression syndicale est forte. Inévitablement, le contrôle individuel y pose moins de problèmes qu'ici. Le risque demain, devant certains errements de l'État, c'est que se développe l'idée dans l'opinion qu'un bon vieux régime autoritaire est encore ce qui permet le mieux de passer la crise. Notre pays a un problème de culture démocratique. Dans les études comparatives, la confiance accordée par les Anglais à Boris Johnson est plus forte que celle accordée par les Français à leurs gouvernants, bien que Boris Johnson, au-delà de sa maladie, ait géré le début de la crise sanitaire en faisant n'importe quoi. Chez nous, le climat politique et démocratique est franchement pesant, et la chasse aux responsables risque encore de l'alourdir. Or nous pouvons éviter ce délitement démocratique.

Nous avons beaucoup appris de la crise que nous venons de traverser et il faudra collectivement savoir retenir de ces enseignements dans les mois et les années à venir.

Chapitre 2

PAS DE RELANCE ÉCONOMIQUE SANS JUSTICE SOCIALE

Faire de la crise une opportunité pour penser une nouvelle politique de l'emploi

Nous allons être confrontés à une vague de centaines de milliers de chômeurs supplémentaires : c'est une situation que nous n'avons jamais connue en termes de rapidité et d'intensité. En 2008 et 2009, la crise économique avait été très importante, entraînant un grand nombre de suppressions d'emplois, mais c'était très en deçà de ce que nous connaissons aujourd'hui. Il faut se mettre autour de la table pour élaborer des dispositifs innovants de maintien et de développement de l'emploi, d'indemnisation, d'accompagnement des chômeurs et d'investissements sociaux. L'objectif pour nous doit être de travailler tous et de travailler mieux. La question posée est : sommes-nous capables d'innover pour jouer à la fois en défense et en attaque ?

Jouer en défense, c'est continuer d'activer des dispositifs de soutien au maintien de l'emploi *via* le chômage partiel, c'est soutenir certaines filières stratégiques pour l'emploi, comme on le fait déjà avec la culture ou l'aéronautique. Il faudra construire des dispositifs pour aider les jeunes qui seront très touchés par la crise, notamment ceux qui arrivent sur le marché du travail et ne vont pas trouver facilement leur premier emploi. Ils ne vont pas en trouver facilement. La priorité devra se porter tant sur l'accompagnement (formation, aide à l'insertion professionnelle) que sur le soutien à l'embauche, mais aussi sur la mise en place ou le maintien d'allocations pour vivre dignement.

Il faut aussi se demander comment jouer en attaque, en créant des emplois. Si l'on investit massivement dans la rénovation thermique des logements, ce sont plusieurs dizaines de milliers d'emplois qui seront créés dans toutes les régions. Cela nécessitera des investissements massifs, mais ce sera beaucoup moins onéreux que ce que l'on dépense pour maintenir l'activité partielle. Début juin, le maintien du chômage partiel coûtait plus d'un milliard d'euros par jour. Je n'ai évidemment aucune critique à émettre à l'encontre de ce dispositif qui est essentiel, mais, si nous devons en effet défendre l'emploi existant, il faut également, de manière offensive, que nous soyons capables d'investir pour développer des emplois nouveaux.

Cela nécessite d'inventer de nouveaux dispositifs et de nouveaux outils : dans la formation tout au long de la vie, les transferts de compétences, les groupements d'employeurs, les prêts de main-d'œuvre dans certains secteurs et bassins d'emploi. Ces logiques de combat sur l'emploi doivent être développées dans chaque territoire et chaque filière. Ce que nous demandons, ce n'est pas une énième conférence sur l'emploi. Nous demandons que soit mis en place un pilotage national qui permette aux acteurs des filières et des territoires de se donner les moyens d'agir au plus près des réalités. Cette bataille pour l'emploi ne se gagnera ni à coups de centralisme vertical ni à coups de slogans faciles. Ici, ce sera une mobilisation pour rapprocher les emplois et les compétences, là, une cellule de reclassement interentreprises, ailleurs, un contrat de transition écologique permettant de faire évoluer les emplois vers des filières d'avenir, etc. Ce qui fera la différence, ce sera l'engagement de tous les acteurs : pouvoirs publics, patronat et syndicats. Cela ne gommera pas nos différences et nos divergences, mais ce combat pour l'emploi va être absolument crucial. Bien des choses sont à réinventer. Ce que nous allons vivre, nous ne l'avons jamais connu.

La crise a démontré l'urgence de développer de nouvelles filières qui sont autant de gisements d'emploi. Si demain nous décidons d'investir dans le *care* et la transition écologique, cela créera des emplois. Auparavant, on disait que cela allait d'abord en détruire. Or, dans certains secteurs, cette transition est déjà en train de s'opérer. Il y a six mois, le débat portait encore sur la manière dont certaines activités devaient se transformer si nous décidons de nous engager dans la transition écologique. Je constate que désormais, ces mutations s'imposent – on le voit pour le secteur de l'aéronautique par exemple. Dans les entreprises, il ne sera pas forcément simple de vivre ces changements profonds... Il faudra trouver les moyens de mobiliser les entreprises et les salariés sans recourir à l'unique argument de la sueur et des larmes, même si on n'y échappera pas complètement. Toutefois, ceux qui ne voient pas d'autre solution que d'augmenter le temps de travail et qui proposent de le porter à trente-sept heures par semaine, voire davantage, ceux-là sont irresponsables. Le Medef a été un temps tenté d'emprunter cette voie : nous l'en avons rapidement dissuadé. De l'eau passera sous les ponts avant que le Medef ne réclame une semaine de travail à trente-sept ou trente-huit heures. Peut-être que des patrons le feront dans certaines entreprises et réussiront à passer quelques accords là-dessus, mais ils passent à côté du sujet. La question n'est pas d'augmenter la durée du travail pour ceux qui auront un emploi, tout en laissant de côté des millions de chômeurs. La bonne logique est de voir comment on accompagne et comment on maintient dans l'emploi. Parfois, cela nécessitera, par le biais d'accords, de faire un peu moins d'heures, avec des phases de flexibilité. Cela s'est déjà fait et a été signé par toutes les organisations y compris par celles qui dénoncent ce système par ailleurs.

Dans certaines entreprises, il faudra mener des négociations loyales afin de trouver des accords qui articulent développement ou maintien de l'emploi et transformation. Nos militants savent très bien le faire. Peu importe si cela dérange les idées préconçues ou la théorie d'Untel ou Untel, à partir du moment où les compromis sont trouvés après des négociations justes et loyales, avec tous les éléments sur la table, y compris des clauses de revoyure et une limitation dans le temps. Les militants sont responsables. Cependant, si des efforts sont consentis, ils devront être partagés : sur le versement de dividendes par exemple, les écarts de rémunération ou la contribution des entreprises, pour accompagner ceux qui sont exclus de l'emploi. Ce ne sera pas facile : on ne savait déjà pas très bien le faire alors qu'ils étaient deux millions de demandeurs d'emploi ; quand ils seront quatre millions, cela va être compliqué.

Il faudra se demander également dans quel secteur précis il faut créer de l'emploi. Comment réévalue-t-on les métiers socialement indispensables ? Ceux du soin à la personne, dans l'accompagnement du vieillissement ou dans les métiers autour de l'enfance. Avec cette crise, on peut craindre de voir s'accentuer des inégalités scolaires dans l'année à venir. Par principe, les rentrées de septembre sont toujours compliquées pour un certain nombre d'enfants qui n'ont pas eu les mêmes chances que d'autres de se divertir, de se distraire, de se cultiver pendant l'été. Il ne faudra pas hésiter à investir pour accompagner demain ces enfants. N'est-ce pas là le rôle d'une société plus juste ?

L'emploi est également menacé dans les PME et les TPE, c'est une situation dont on parle beaucoup moins. Pour faire face à ces difficultés, nous privilégions les logiques territoriales. Dans une entreprise de trois ou quatre salariés qui va flancher, il est illusoire d'aller dire au patron qu'il ne faut pas licencier. L'enjeu est plutôt dans l'accompagnement de ces salariés et des droits qu'on leur procure. Certaines de nos organisations CFDT s'engagent localement pour mettre en place des plans territoriaux de l'emploi. Je crois beaucoup en cette idée.

Une autre piste est d'investir dans d'autres activités que celles qui perdent de l'emploi : en développant de nouvelles activités créatrices d'emploi tout en accompagnant les transitions professionnelles nécessaires pour ne laisser personne sur le bord de la route.

Quelles contreparties pour les aides aux entreprises ?

Cette crise a montré que les entreprises privées pouvaient être très dépendantes de l'action publique. Beaucoup d'aides ont été versées aux entreprises : non seulement les mesures d'accompagnement du chômage partiel, mais également les dispositifs de prêts garantis par l'État (PGE). Les entreprises ont clairement besoin de ces aides : sans elles, on assisterait à un effondrement généralisé. C'est pourquoi nous les avons soutenues. Les salariés ont besoin que leurs entreprises survivent à la crise. Chez nous, il n'y a pas de débat majeur sur cette question, sinon sur un point : quelles conditions doivent accompagner ces aides ? Notre position est d'être plus audacieux quant à la responsabilité des entreprises et de conditionner certaines aides publiques selon trois principes.

Le premier est celui de la préservation maximale de l'emploi et son développement. Je me méfie des slogans faciles du genre « interdiction des licenciements », qui n'ont d'autres vertus que d'empêcher de regarder des réalités en face. Cependant, éviter ces facilités n'exonère pas les entreprises de toute exigence et de poser des conditions au versement des aides publiques : emploi des jeunes, d'embauche d'apprentis, de développement de la formation, d'accompagnement des travailleurs dans leurs transitions professionnelles, de comportement à l'égard de leurs sous-traitants...

Le second principe est un engagement des entreprises en matière de répartition de la valeur ajoutée. Avant la crise, le sujet était déjà extrêmement sensible. Les grands écarts de rémunération ne sont plus socialement acceptables. Il va falloir les encadrer de règles contraignantes, l'autorégulation des entreprises étant un échec. Il faudra limiter ces décisions qui ne profitent qu'aux actionnaires ou aux hauts dirigeants : rémunérations astronomiques, parachutes dorés, rachat d'actions, etc. On constate déjà de manière symptomatique que des entreprises changent d'attitude : certaines ont baissé les salaires de leurs dirigeants, d'autres ont renoncé au versement de dividendes. Mais attention aux faux-semblants, il faut que cela soit réel. Le ministre de l'Économie a annoncé qu'il serait attentif à ce que ceux qui ont reçu des aides ne cherchent pas à échapper à l'impôt et ne versent pas de dividendes. Il faudra vérifier comment cette surveillance se traduira dans les faits. Pour notre part, nous avons réclamé l'interdiction du versement de dividendes dès lors qu'une entreprise a reçu des aides publiques pendant cette crise.

Le troisième principe est celui de la transition écologique. Si l'on veut que cette crise soit l'opportunité d'un changement de modèle, il faut revoir le rôle de l'entreprise en termes de responsabilité écologique. Il faut que les aides publiques impliquent un engagement très fort des entreprises à se transformer ou à transformer leur modèle de production pour s'inscrire dans une croissance verte.

La question du travail : vers un meilleur partage des responsabilités

La tentation va être celle de repartir comme avant, en resserrant les boulons pour refaire tourner l'entreprise.

La nature politique – sinon la nature humaine – étant ce qu'elle est, certains acteurs auront tendance à ne pas souhaiter se réinventer. Pour ma part, je ne crois pas qu'il sera supportable de repartir comme avant. C'est l'enjeu de la période qui s'ouvre. Il ne s'agit pas de passer des années à faire une introspection généralisée sur le fonctionnement de la société. Néanmoins, il faut prendre le temps de faire appel à notre intelligence collective sur ce que cette crise nous enseigne. Il y a eu des prises de conscience, des problèmes ont été mis au jour. Qu'est-ce qui ne fonctionne pas bien ? Qu'est-ce qui ne répond pas à nos attentes ? Quels nouveaux équilibres faut-il construire ?

Dans cette période de réorganisation, le risque, c'est de revenir aux plans sociaux comme en 2008 et en 2009 – ou comme dans les années 1990 dans certaines régions. Le risque, c'est que la logique purement économique soit la seule qui prédomine, et qu'on oublie la réalité de l'expérience du travail. Durant ces vingt dernières années, le syndicalisme a trop souvent abandonné la notion du travail. Il l'a traitée comme une quantité, non comme une réalité sociale. Pour moi, c'est la question essentielle qui se posera demain. La façon dont chaque travailleur, individuellement et collectivement, vit son travail, c'est le matériau essentiel de l'action syndicale… Or les questions d'emploi risquent de beaucoup nous mobiliser, ce qui est logique. Pourtant, il faudra se préoccuper de la juste reconnaissance des travailleurs, de l'articulation des temps personnels et professionnels, de l'évolution du rapport au travail dans une période où celui-ci a envahi la sphère privée, sans quoi nous allons de nouveau rater l'essentiel.

Pour cela, il ne faudra pas oublier la question de l'organisation du travail. Cela signifie d'abord se préoccuper davantage de ce que les salariés ont à dire sur la façon dont les choses se passent dans l'entreprise. Notre enquête du 1er mai nous le révèle[1]. Les travailleurs ont dit que cela ne pouvait pas repartir comme avant : s'il faut faire des efforts, ils devront être partagés, et le redémarrage ne se fera pas sans considérer que les travailleurs sont suffisamment responsables et concernés pour discuter de la stratégie économique et des bons choix à faire. Nous avons une controverse énorme avec le Medef sur ce sujet : le pouvoir doit être mieux partagé dans l'entreprise, et notamment le pouvoir de décision et d'action qui doit être rééquilibré entre le capital et les travailleurs.

J'ai été profondément marqué par une ouvrière de Toyota qui expliquait que le fait d'avoir eu son mot à dire sur une tâche qu'elle avait du mal à effectuer et de pouvoir trouver une solution en discutant avec ses collègues avait changé sa qualité de vie. C'est fondamental et vrai pour tout le monde. Avoir la possibilité

1. *Les Salariés français face à l'épidémie de Covid-19*, enquête réalisée par Kantar pour la CFDT, avril 2020.

de s'exprimer dans une logique collaborative, et ce, malgré un travail harassant, cela change la vie. Ce dialogue professionnel est exigeant pour les organisations syndicales parce qu'il faut s'en saisir et construire des revendications. C'est essentiel si l'on veut prendre en compte toutes les dimensions de l'entreprise et les aspirations des travailleurs.

Dans la fonction publique et les administrations, il existe une alliance de fait entre un patron employeur public ultra-centralisé, attaché à une forme de gouvernance très descendante et verticale, qui manage à coups de circulaires et de directives, et des organisations syndicales qui savent que c'est plus facile de s'opposer stérilement à ces comportements patronaux plutôt que de s'engager dans une logique de compromis. Cette logique de construction de compromis au sein de la fonction publique est très peu présente et pratiquement inutilisée. Tant qu'on se détermine toujours en réaction à l'initiative patronale, sur laquelle on n'a pas de levier pour la faire bouger réellement, pourquoi s'ennuyer à entrer dans une logique de compromis ?

Dans la fonction publique, historiquement, les organisations syndicales les plus réfractaires au dialogue social et l'employeur public se sont plutôt accommodés d'un jeu de gentils et de méchants. Cela explique que l'émergence de la CFDT dans ce secteur ait été plus difficile qu'ailleurs. Nos militants qui pratiquent le dialogue social sont souvent frustrés dans les administrations, car leur capacité à changer réellement les choses y est trop limitée. Dans les collectivités territoriales, cela se passe un peu différemment, mais c'est toujours assez difficile de faire comprendre le dialogue social.

Dans le privé, cela reste également à améliorer. Je crois notamment que, pour certaines grandes orientations stratégiques de l'entreprise, il faut contraindre l'employeur à tenir compte de l'avis des salariés ; par exemple, à travers un avis conforme du CSE[2]. Je pense que c'est indispensable, notamment sur les questions d'organisation du travail. C'est l'un des seuls points à ne pas faire l'objet de négociations, sauf dans la période récente, avec la reprise d'activité postcrise. Ainsi, plus de cinq mille cinq cents accords de réorganisation de la production ont été signés dans les entreprises françaises, afin de répondre aux exigences sanitaires. C'est une belle démonstration que l'organisation du travail doit se négocier… et pas seulement en période de crise.

Nous attendons des entreprises un plus grand partage des responsabilités. La question de la qualité du travail et de son organisation doit revenir au centre du dialogue. Il faut également qu'elles prennent mieux en compte les aspirations de leurs salariés à de nouvelles

2. Le comité social et économique, l'institution représentative du personnel dans une entreprise.

formes de travail, ainsi que leurs interpellations sur les enjeux écologiques et l'utilité sociale de leur activité.

Étant donné que ceux qui vont souffrir le plus sont au bout de leur chaîne de valeurs, la responsabilité des entreprises à l'égard de leurs sous-traitants doit également faire l'objet de la négociation. En effet, la tentation sera forte de se préoccuper principalement des grandes entreprises en oubliant l'impact des difficultés économiques sur les sociétés sous-traitantes et leurs salariés.

L'émergence du télétravail : nouveaux horizons et nouveaux enjeux de l'action syndicale

Le développement du télétravail pendant le confinement doit nous interroger. Certes, cela n'a pas été le bonheur parfait pour tout le monde. Parfois, cela a été compliqué : on ne disposait pas du bon matériel, il a fallu l'acheminer. Concilier le travail avec la garde d'enfants ne s'est pas toujours fait dans les meilleures conditions. Mais au-delà de tout cela, on sent bien que le télétravail répondait à une sorte d'aspiration diffuse et générale. On a eu la démonstration que l'efficacité, la coopération et le travail en réseau pouvaient se conjuguer en dehors du lieu de travail. Cela étant, deux risques symétriques sont à éviter. Le premier serait de dire que cela a été partout horrible : en réalité, la qualité des expériences a varié selon les lieux et l'espace.

Le deuxième serait de dire que demain, tout le monde sera en télétravail cinq jours par semaine. Ce serait méconnaître l'apport des relations informelles sur la vie en entreprise et sur la qualité du travail réalisé. De plus, certains sont plus seuls que d'autres, sans le vivre toujours très bien. Leur travail est souvent pour eux un des rares lieux où ils peuvent socialiser. Il n'est donc pas question d'instituer deux catégories de travailleurs : ceux qui seraient présents sur le lieu de travail et ceux qui travailleraient à distance.

L'aspiration à prolonger certaines formes de télétravail est une réalité. Des entreprises auront du mal à l'entendre. C'est pourquoi il faudra l'encadrer et prendre en compte les questions de matériel, de conciliation entre vie personnelle et vie professionnelle, les relations avec la hiérarchie. Pour les cadres, les formes de management vont évoluer pour prendre en compte cette organisation. On ne gère pas du tout de la même manière son service ou son équipe sur le lieu de travail ou à distance. Il faudra donc penser des formations adéquates pour eux. Le télétravail génère également des risques psychosociaux spécifiques. Dans certaines activités, quand un salarié a besoin d'aide ou de conseil pour accomplir sa tâche, les choses se passent différemment s'il peut sortir de son bureau et demander un avis ou non. C'est pourquoi nous avons fait des propositions autour de cette question. Nous avons produit, avec la CFTC et l'UNSA, un document qui exige que tout recours au télétravail soit encadré par un accord qui précise les conditions d'exercice et impose de s'assurer du libre choix du salarié.

À la confédération CFDT, des questions très concrètes vont se poser. Certaines personnes habitant loin du siège se sont rendu compte qu'elles étaient très efficaces à distance. Je suis persuadé qu'elles ne voudront pas revenir cinq jours par semaine. Un ami à Nantes a compté le temps que cela lui avait fait économiser, notamment dans les transports, et le résultat est incroyable : cela monte à plusieurs dizaines d'heures par mois. Moi-même, lorsque j'étais en télétravail pendant le confinement, j'ai vécu ses points positifs comme ses limites, surtout lorsqu'il se met en place dans de telles circonstances. Je pouvais ainsi avoir le plaisir de prendre mon petit déjeuner en famille. En temps normal, c'est rarement le cas du fait de réunions très matinales en présentiel ou en déplacement. Dans le même temps, il a fallu s'organiser pour que ma femme et moi puissions travailler et, à la fois, nous occuper de nos enfants et particulièrement du plus petit. Le télétravail est porteur d'un risque d'aliénation : il facilite l'envahissement de la vie personnelle par le travail. Tout cela invite nécessairement à se poser des questions sur la place du travail dans sa propre vie.

Il ne faut pas non plus que le télétravail accentue encore la fracture numérique parmi les travailleurs. On a tous appris à gérer nos outils à distance. Mais certains sont plus à l'aise que d'autres. C'est une réalité. Personnellement, au début, j'étais un peu perdu avec toutes ces applications. Sans le conseil de quelques amis et camarades, de mes enfants, je n'aurais pas pu me connecter à certaines réunions.

Le télétravail, cela exige aussi une formation. Et puis, il y a ceux qui étaient mal équipés, voire pas du tout. Une vendeuse de Darty me disait qu'il y avait un flot continu de gens venus acquérir de quoi travailler à la maison, et ce, sur leurs deniers personnels. D'autres avaient l'obligation de le faire et en étaient incapables, n'étant pas du tout doués pour cela. C'est un phénomène qui touche beaucoup de gens, souvent les plus fragiles, qui ne l'expriment pas forcément.

Le télétravail me fait craindre dans le même temps une dérive possible dans les entreprises. Le confinement a apporté la preuve que, dans certaines entreprises, le télétravail permet plus de productivité individuelle. Les études le disaient déjà avant : il n'amoindrit pas les capacités de production, au contraire. Avec le télétravail, on se recentre sur l'essentiel et on prend moins de ce temps informel qui émaille la journée de travail dans l'entreprise – je répète que, selon moi, ce n'est pas du temps perdu. Il ne faudrait pas qu'à partir de ce constat, certains chefs d'entreprise pensent qu'en mettant tous leurs salariés en télétravail, avec ces temps informels en moins, ils pourraient augmenter leur charge de travail individuelle et/ou diminuer leurs effectifs.

N'oublions pas que le travail n'est émancipateur que s'il est en même temps facteur de lien social. Le développement inéluctable du télétravail exigera que l'on y adapte la protection des salariés et qu'on ne renonce pas à ce lien humain.

Vers une codétermination à la française

Si avec cette crise nous ne saisissons pas l'opportunité de partager le pouvoir dans l'entreprise en allant davantage vers ce que la CFDT appelle la « codétermination à la française », nous aurons perdu une occasion. La codétermination à la française, c'est la conjonction de trois éléments : plus de représentants des salariés dans les conseils d'administration, plus de place au dialogue social et à l'accord collectif dans les entreprises pour bâtir les bons compromis (notamment sur la question de l'organisation et de la réalité du travail), et plus d'espaces de parole pour les salariés et de coopération à l'intérieur de l'entreprise. La conjugaison de ces trois éléments améliore l'efficacité des entreprises dans la prise en charge des questions concernant les conditions et l'organisation du travail, les évolutions de carrière, et la stratégie économique de l'entreprise. Les pays qui s'en sortent le mieux, y compris en ce moment, sont des pays qui ont fait le choix d'un dialogue social plus fort que chez nous. On cite toujours l'Allemagne comme exemple, mais force est de constater qu'une fois encore, la qualité du dialogue leur a permis de construire un plan de relance à la hauteur de la situation, dans un délai très court. Les garants du temps long au sein de l'entreprise sont souvent les salariés.

Tout d'abord, il faut donc plus de participation des salariés dans les conseils d'administration, dans les instances de direction stratégique de l'entreprise et les conseils de surveillance, là où l'on peut peser sur les grandes stratégies menées par l'entreprise. Depuis 2012, on a déjà beaucoup progressé sur ce sujet. Avant 2013 et l'accord signé notamment pas la CFDT sur la sécurisation de l'emploi, il n'y avait pas de représentants des salariés dans les conseils d'administration des entreprises, sauf pour celles qui le décidaient. Cette participation a de nouveau augmenté ces dernières années. Ce mouvement-là est historique. Il faut le poursuivre. Reconnaître le travail comme partie constituante de l'entreprise impose qu'il soit représenté dans les instances de gouvernance.

Ensuite, il faut que les orientations stratégiques des entreprises soient discutées avec les représentants de salariés, ce qui n'est pas le cas partout, tant s'en faut. Pourtant, les salariés sont les garants du temps long, et ils ont souvent une vision assez fine de leur entreprise. Cette place accrue des salariés dans les conseils d'administration aurait en outre l'avantage de développer la culture du compromis au sein des entreprises.

Le deuxième élément de la codétermination à la française est le renforcement du dialogue social entre les représentants du personnel et les directions d'entreprise. Ce dialogue est la meilleure garantie d'un bon équilibre entre l'enjeu économique, la situation des travailleurs. Demain, toute entreprise ou toute administration qui fera l'économie d'un bon dialogue social avec les représentants dans les CSE fera fausse route. Il suffit d'observer les conditions dans lesquelles s'est effectuée la reprise dans certaines administrations, où l'on informe les organisations syndicales... après que les décisions importantes ont été prises ! On se trouve dans des situations où personne n'est plus capable de compromis pour avancer. Un dialogue social est donc nécessaire, sur les conditions de travail, les conditions d'activité et l'emploi, la répartition de la richesse créée et un dialogue économique sur la stratégie de l'entreprise, donc sur le sens du travail. Les entreprises qui négligeront demain ce dialogue social et économique s'exposeront à plus de conflictualité : les travailleurs veulent de plus en plus avoir voix au chapitre sur les choix qui les concernent. Les salariés de Google qui se sont mobilisés pour faire reculer la firme sur un projet d'intelligence artificielle à des fins militaires et qui ont obtenu la rédaction d'une charte éthique en est un exemple frappant.

Sur un certain nombre de sujets, je crois même qu'il faudrait un avis conforme du comité social et économique. Je l'ai évoqué plus haut concernant l'organisation du travail ou l'évolution économique d'une entreprise, l'avis des représentants du personnel aurait la capacité de repousser, d'amender un projet porté par la direction de l'entreprise. L'évolution est en marche dans ce sens, il faut encore l'accentuer. C'est aussi une demande du syndicalisme européen.

Le troisième élément de la codétermination à la française, et non le moindre, consiste à redonner des espaces de parole aux travailleurs. On reprend souvent le cas de Toyota, mais il en existe beaucoup d'autres, comme celui de la menuiserie CAIB, du côté de Cholet. Ces espaces de parole, c'est la possibilité donnée aux salariés de discuter de la façon dont ils vivent leur travail, le *process* de production… C'est un moyen supplémentaire de la représentation collective pour que les salariés prennent part aux décisions qui les concernent dans leur travail. Ce dialogue professionnel sur les métiers conduit le plus souvent à une amélioration de la façon dont on exerce les tâches dans les services et les ateliers. De plus, partout où il se met en place, on voit se développer un rapport plus positif au travail, au collectif et à l'entreprise.

C'est l'articulation de ces trois dimensions qui fera que le travail sera reconnu comme une vraie partie constituante de l'entreprise au même titre que le capital, et non comme une simple variable économique.

Revaloriser les métiers socialement utiles

Le risque que nous courons dans cette période d'après-crise sanitaire est que, dans un mouvement d'hypocrisie collective, nous détournions le regard de ceux qui exercent les métiers socialement indispensables et qui nous ont aidés à vivre décemment pendant le confinement. Je pense évidemment aux soignants. Je crois que pour l'hôpital, avec l'accord du Ségur de la santé, la nécessaire prise en compte des revendications de revalorisation des salaires, de rénovation de l'organisation du travail et des carrières a enfin été intégrée. Il faudra que cela s'inscrive dans une vraie valorisation de l'hôpital public, des soignants et de l'ensemble des agents hospitaliers... Quant aux autres métiers socialement indispensables sans lesquels la société n'aurait pas pu continuer à tourner, il y a ceux que l'on voit quand on va faire ses courses par exemple, et ceux qui sont plus invisibles (comme le ramassage des déchets ou l'approvisionnement en eau potable) et qui sont tout aussi indispensables.

Certes, ces travailleurs ont été reconnus dans le discours, on a octroyé des primes à certains d'entre eux, mais on ne sera pas quittes pour autant. Il faut réexaminer l'ensemble des conditions dans lesquelles ils effectuent leur travail : les salaires bien sûr, mais également la reconnaissance professionnelle que nous leur devons, les conditions de travail, de classification. Il faudra également mettre en place à leur intention des dispositifs d'accès favorisés à la formation afin qu'ils puissent évoluer professionnellement et éventuellement changer de métier. Cela signifie des investissements. Nous portons vis-à-vis d'eux une responsabilité collective ; non seulement les entreprises qui les emploient, mais également toute la société.

Laisser ces populations salariées, souvent plus fragiles et faiblement rémunérées, en situation de rupture, cela serait injuste, et pourrait conduire à des situations explosives.

Dans une tribune sur la dépendance[3], j'ai dit avec Thierry Beaudet, de la Mutualité française, qu'il fallait une revalorisation très rapide des métiers du grand âge dans les Ehpad et le maintien à domicile, avec un financement public alloué à l'amélioration des conditions de travail, des salaires, du nombre de personnes dans ces établissements et de la prise en charge des frais de transport. Au-delà des applaudissements à vingt heures, il faut que cet élan soit ressenti non seulement du point de vue du salaire, mais aussi du point de vue de la reconnaissance par la collectivité et des moyens

3. « Loi sur le grand âge : évitons cette fois les vaines incantations », *Les Échos*, 18 mai 2020.

d'exercer leur travail dans de bonnes conditions. Il faut investir massivement, en créant des postes dans les Ehpad. Aujourd'hui, le taux de prise en charge est de 0,6 professionnel pour une personne âgée. Tous les acteurs du système disent qu'il faut arriver à « un pour un » pour que cela tourne. Il faut aussi médicaliser davantage un certain nombre d'établissements. Auparavant, les maisons de retraite étaient peu médicalisées, mais les âges d'entrée n'avaient rien à voir avec ceux auxquels les personnes entrent aujourd'hui, et leur situation de dépendance n'était pas la même. Il faudra investir suffisamment dans des dispositifs de maintien à domicile pour qu'ils fonctionnent correctement et que les personnes qui interviennent ne soient pas obligées de compter à la minute le temps qu'ils passent avec chacun de leurs patients. L'investissement dans la santé n'est pas seulement une opération économique, cela consiste aussi à y remettre de l'humanité, à considérer notre système de santé comme une richesse et non comme un coût.

Lors d'une manifestation des personnels de santé devant le ministère du Travail en janvier 2018, ces femmes – car, pour la plupart, ce sont des femmes – disaient qu'elles souffraient doublement de leurs conditions de travail, parce qu'elles avaient l'impression d'être maltraitantes. Si cette période de crise ne nous fait pas comprendre qu'il faut investir massivement dans le secteur du grand âge, en passant par la reconnaissance des travailleuses en question, cela n'aura servi à rien. Dans un livre précédent, j'avais consacré un chapitre à l'hôpital dans lequel je disais que l'hôpital était au bord du burn out[4]. Depuis, nous n'avons eu de cesse d'aller voir les ministres – Mme Touraine, puis Mme Buzyn –, en leur disant qu'il était nécessaire d'allouer des moyens supplémentaires à l'hôpital, d'accorder de meilleurs salaires et plus de reconnaissance professionnelle aux soignants, de valider le passage des aides-soignants de la catégorie C à la catégorie B et d'octroyer une plus grande marge de manœuvre aux salariés dans l'organisation du travail. Il faut en finir avec cette manière d'accabler les établissements de soins avec des règlements et des directives. Il faut redonner de la latitude aux acteurs locaux pour qu'ils puissent agir sur leur réalité concrète. Chaque fois, cela a échoué. Lorsque Agnès Buzyn a proposé le plan pour l'hôpital « Ma santé 2022 », nous lui avons expliqué que la philosophie de soutien et de réorganisation qu'elle portait était plutôt la bonne, mais que cela ne passerait pas avec les acteurs sur le terrain si cela ne s'accompagnait pas d'investissements supplémentaires dans les établissements et d'une revalorisation des salaires et des métiers. En pure logique budgétaire, Bercy a objecté que cela coûtait trop cher. Le gouvernement a finalement été

4. *Permis de construire – nous vivrons ce que nous changerons*, Taillandier, 2015, p. 77.

contraint de faire ces investissements, mais en pleine situation de crise. Notre pays ne sait pas anticiper et écouter ses acteurs. En politique comme dans la santé, on ne peut pas faire que du soin ; il faut aussi faire de la prévention. J'espère qu'à la suite du Ségur de la santé, les conditions d'une réelle écoute des professionnels seront réunies durablement. La CFDT y est prête. De la même façon, si demain nous sommes incapables de considérer autrement les carrières et les salaires des personnes du commerce et de l'industrie agroalimentaire, caissières et caissiers, manutentionnaires, la crise et nos beaux discours auront été vains. On se sera nourris de mots quand on avait besoin d'eux, pour ensuite repartir comme si de rien n'était. Ce n'est pas tenable.

Au-delà du salaire, et des conditions de travail, se profile la question de la reconnaissance sociale. Elle exige que nous changions notre regard sur les autres. Cela ne se décrète pas et on ne peut pas, sur cette question, en appeler systématiquement à l'État ou aux patrons. Dans une boulangerie près de chez moi, il y a un panneau qui clame ironiquement : *Nous ne servons pas les clients au téléphone, car nous ne voudrions pas les déranger.* J'espère que les marques de reconnaissance et les encouragements se sont un peu plus développés pendant cette période, et surtout qu'ils se prolongeront au-delà du déconfinement. Notre façon de nous comporter les uns avec les autres sera déterminante. À Paris, les personnes du nettoyage expliquent qu'ils en ont assez de ramasser les masques par terre et nous demandent d'arrêter de vociférer quand nous sommes derrière un camion poubelle. C'est un appel à reconsidérer collectivement la place des uns et des autres dans la société et à en finir avec le mythe du toujours plus haut toujours plus beau. C'est un appel à la civilité, mais aussi à poser un autre regard sur un certain nombre de métiers indispensables, à l'égard desquels nous avions trop souvent une forme d'indifférence, voire de mépris collectif. On soulèvera des questions de méthode, mais, avant cela, il faut aborder la question du sens politique.

Financer cet effort : redonner sens à l'impôt et faire contribuer tous les revenus

Il faut que nous fassions les choix budgétaires correspondant aux priorités économiques, sociales et écologiques que nous aurons définies comme les plus justes. La question est : quels indicateurs privilégie-t-on ? Aujourd'hui, on ne mesure que la seule performance économique, avec des ratios entre recettes et dépenses et le moins de dépenses possible. C'est comme cela qu'on a affaibli l'hôpital public depuis quinze ans. Je reviendrai plus loin sur cette question. Il faut donc faire des choix budgétaires dont les citoyens perçoivent l'importance et l'utilité. À cette condition, payer l'impôt peut retrouver du sens. Le citoyen contribue à l'intérêt collectif à travers la fiscalité. Il faut donc relégitimer le consentement à l'impôt. Cela n'a de sens que si l'on fait contribuer l'ensemble des revenus, ceux du capital comme ceux du travail, de façon proportionnelle et commune. C'est un combat qui a trop longtemps été abandonné, car évoquer la fiscalité est complexe. Un vrai discours est à développer autour de ces biens communs que sont l'hôpital, l'éducation, la sécurité, la culture. Cela passe par l'assurance pour tous les citoyens que le service rendu correspond à leurs besoins en matière de solidarité et d'universalité.

Sur ce sujet de la fiscalité, les controverses sont fortes. Il suffit d'évoquer l'hypothèse que les plus aisés contribuent davantage pour voir revenir tous les arguments expliquant que taxer les plus riches serait une catastrophe.

Je veux être clair sur le sujet.

La dette contractée pendant la crise du Covid est énorme. Évidemment, on ne la résorbera pas en augmentant les impôts. Mais cette affirmation ne doit pas nous empêcher de poser la question de la justice fiscale et donc sociale.

Pour évacuer la question de la dette, nous sommes persuadés que celle-ci doit être mutualisée au niveau européen, remboursée sur du long terme, et que son niveau baissera si nous sommes capables de construire une relance de l'activité durable.

Cela n'occulte en rien la nécessité d'une réforme fiscale de justice sociale telle que le promeut la CFDT : établir un barème de l'impôt sur le revenu plus progressif, avec une tranche supérieure sur les hauts revenus, soumettre les revenus du capital y compris financier au même niveau que l'impôt sur le revenu, imposer tout type de capital avec un barème progressif, imposer à 1 % le premier euro sur les donations et successions, transformer le quotient familial en allocation forfaitaire par enfant. Voilà de quoi engager une belle réforme fiscale. Ce n'est pas pour plus d'impôt... c'est pour un impôt plus juste !

Malheureusement, ce gouvernement refuse une réforme fiscale de justice sociale.

Pour autant, pourquoi n'engage-t-il pas une action pour limiter les pratiques d'optimisation fiscale des entreprises ? Ces pratiques font perdre annuellement 14 milliards d'euros de ressources fiscales. Je pense à ces entreprises qui transfèrent leur résultat dans une holding ou une filiale aux Pays-Bas pour éviter l'impôt.

Je pense aussi à ces pratiques qui consistent à transférer son résultat d'une entité vers une autre entité, genre holding sans salariés, tout cela sur le sol français. Cela représente 36 milliards d'euros qui manquent aux profits déclarés en France. Cette pratique a des conséquences très concrètes pour les travailleurs : elle tarit à la source le partage des richesses dans l'entreprise en termes de salaire, de participation, d'investissement social et économique.

Ne nous privons donc pas d'un débat sur la fiscalité et le partage de la valeur qui, sans caricature, redonnera du sens au commun, à ce que nous décidons de financer ensemble et au juste effort de chacun pour le bien collectif. C'est un chantier d'avenir que personne n'a le droit d'enfouir dans les caricatures et l'immobilisme.

Quel « jour d'après » ?

Il y a une façon un peu insidieuse de considérer qu'on ne sortira pas de cette crise. C'est pour cela que l'expression « jour d'après » ne me plaît pas. Le jour d'après, c'est demain. Cette histoire, une fois que nous serons sortis de la crise sanitaire, n'existe pas. C'est le retour du mythe du grand soir, quel que soit le contenu qu'on y met.

Ce dont il est question, c'est de la reconstruction d'un processus démocratique, d'une redéfinition de notre pacte républicain. Quand je dis pacte républicain, j'entends non seulement un pacte social et économique, mais également la nécessité d'y adjoindre un pacte écologique. Je crains deux sortes d'adversaires au pacte social, écologique et démocratique que j'appelle de mes vœux. Ceux qui pensent qu'il faut repartir comme avant en faisant un peu de cosmétique, et ceux qui nous vendent du rêve sans réelle volonté d'agir sur le réel, si déplaisant soit-il. Finalement, il s'agit des deux faces d'une même pièce : le statu quo ! On trouve ses partisans, souvent animés par une forme de paresse ou de jeux de posture, aussi bien dans le monde patronal et politique que dans le monde syndical. Si ces attitudes peuvent paraître confortables, elles constituent une impasse dangereuse. Il y aura des efforts et des compromis à faire. La société est prête à s'y atteler si le chemin est différent de celui emprunté jusqu'ici, que les entreprises sont déterminées à prendre des engagements, y compris en termes de répartition de la richesse créée, et que l'on prend en compte la question de la réalité du travail au-delà de la seule logique de la réduction des coûts. C'est de cela qu'il va falloir rediscuter.

Ce ne sera pas simple, car il faudra aussi gérer l'urgence. Or il est rare, en période d'urgence, que l'on prenne le temps de l'introspection. Pourtant, ce sera absolument nécessaire. Sinon, le « jour d'après » sera celui des tensions sociales qui se dégraderont très vite. Il y aura ceux qui voudront jouer sur le chaos et tous ceux qui auront l'impression que la machine repart sans qu'ils aient embarqué. C'était déjà très dur quand ils avaient le sentiment de ne pas être dans le train – je pense à une partie des Gilets jaunes, qui ont dénoncé leur invisibilité dans la société. Ils n'étaient pas les plus exclus, même si nombre d'entre eux étaient en situation difficile. Il y aura ceux qui étaient durablement exclus et qui continueront de l'être. Il y aura ceux qui sont tombés du train et ceux qui auront peur d'en tomber. C'est le chaos assuré, qui verra émerger des mouvements de défense très corporatistes. La tentation sera forte, pour les organisations syndicales, de jouer sur ces corporatismes, de protéger les plus protégés, de ne parler que des plans sociaux des grandes entreprises, tout en tenant un discours général très généreux sur les pauvres. Il va falloir que les critères de justice sociale de notre grille de lecture prennent également en compte les populations qui sont à la marge de l'emploi ou en difficulté, sinon cela ne fonctionnera pas.

La conférence sociale et écologique devra être précédée d'une phase de diagnostic pour partir sur une base commune. Il faudra que tous les acteurs sociaux y soient engagés : les collectivités territoriales, les organisations syndicales et patronales et les réseaux associatifs. Ce n'est pas compliqué à organiser. Lors de cette conférence, nous devrons nous demander quels enseignements chacun retire de cette crise à partir d'une analyse pertinente de la question sociale, économique, environnementale et sociétale. Cette analyse devra également prendre en compte l'échelle européenne et internationale. Faire le point de nos forces et de nos faiblesses. Si nous demandions à chaque grand acteur de nous livrer son analyse et ses recommandations, pour ensuite demander à des gens compétents de faire un relevé de ces enseignements et de délibérer sur ces conclusions avec nous, cela ne prendrait pas si longtemps. De là, nous pourrions penser autrement et construire autre chose. Je crains sinon que ce fameux jour d'après et ce changement de modèle ne se fassent à quelques-uns, sur le coin d'une table, au nom du bon sens technocratique.

Je ne sais pas si le gouvernement s'inscrit dans une telle dynamique rassembleuse et collective. Des signaux ont été envoyés en ce sens, aux mois de mai et juin. Lorsque le nouveau Premier ministre a pris ses fonctions, il nous a rapidement reçus. Mais pour l'instant, et pour dire les choses franchement, il n'y a même pas le début du commencement d'une discussion avec nos dirigeants sur ce sujet. Je sais qu'ils réfléchissent à l'après. Mais il y a chez eux sans doute une tension entre deux options : soit faire avec les citoyens directement et oublier la société civile organisée, soit faire avec les organisations de la société civile et avec les citoyens. Avec les citoyens, cela a déjà été réalisé il y a moins de deux ans et cela s'appelait le Grand Débat. Cela n'a pas été suffisant. Nos dirigeants pourraient très bien dire qu'ils n'ont pas pris le temps d'exploiter toutes les choses exprimées au moment du Grand Débat et prendre enfin ce temps-là, en proposant de discuter aussi avec les territoires et les organisations. Si, dans la situation de demain, ils ne comprennent pas qu'ils vont avoir besoin des organisations de la société civile qui structurent et canalisent le sentiment collectif, alors, c'est qu'ils n'ont rien compris. Pour l'instant, je n'ai pas cette assurance. Nous verrons si le nouveau gouvernement s'impliquera plus dans cette direction. Les mois à venir seront déterminants pour le mesurer.

Chapitre 3

POUR UN NOUVEL ÉTAT-PROVIDENCE

Le président de la République a déclaré, dès sa première allocution[1] au début de la crise sanitaire, que celle-ci devait nous conduire à des changements fondamentaux, que rien ne serait plus comme avant. Puis il a évoqué « les jours heureux[2] », une allusion au programme du Conseil national de la Résistance qui a fixé à la Libération les grandes lignes pour la construction de notre État-providence. Le chantier sur l'avenir que j'appelle de mes vœux devra aborder la question du rôle et des fonctions de l'État, ainsi que les outils avec lesquels il conduit l'action publique.

Cela doit, à mon sens, s'articuler autour de trois axes : d'abord, la pertinence des indicateurs qui permettent d'accompagner et d'évaluer une politique publique, notamment les indicateurs de richesse. Ensuite, il faudra remettre la notion de service public au cœur de la

1. Le 16 mars 2020.
2. Le 13 avril 2020.

définition de l'État. Enfin, et c'est peut-être le plus difficile, il faudra transformer les modes d'action de l'État.

La richesse, ce n'est pas seulement l'accroissement de la valeur financière

Dans le débat public, mais aussi dans la mise en œuvre des politiques publiques, on fonde notre analyse sur un certain nombre d'indicateurs pour évaluer les effets de l'action conduite, et pour voir comment elle progresse. Le plus employé aujourd'hui est l'indicateur de richesse économique, le PIB. Mais il en existe d'autres, tout aussi importants, qu'on utilise moins. Si l'on ne veut pas continuer comme avant, il serait bon de diversifier nos indicateurs afin qu'ils ne se limitent pas à la mesure de l'accroissement de la richesse, mais qu'ils prennent également en compte d'autres formes de progrès. Ces indicateurs existent : ils ont été travaillés par le Conseil économique social et environnemental (CESE) et par d'autres. Ils sont aujourd'hui reconnus par de nombreux acteurs. En avril 2015, Éva Sas, députée écologiste, a fait passer une loi instituant de nouveaux indicateurs pour évaluer l'action de l'État dans les domaines de l'emploi, de la qualité de vie, des revenus réels de la population, de la préservation de l'environnement, de l'endettement. La loi ajoute que, tous les ans, le Parlement pourra mesurer les progrès des politiques publiques au regard de ces dix indicateurs. C'était un premier pas, même si cela ne répond pas complètement à nos attentes pour diriger la politique publique.

Cependant, le problème est que cet examen annuel n'a pratiquement pas eu lieu. Depuis 2017, le Parlement n'a plus évalué l'action de l'État avec ces indicateurs. Aujourd'hui, le premier des choix politiques devrait être de les reprendre, de rappeler qu'ils ont fait l'objet d'une loi et d'un consensus de la société civile au CESE, et de les utiliser pour diagnostiquer l'état de la société et élaborer les politiques à conduire.

On pourrait commencer par les revoir à l'aune de la crise sanitaire que nous venons de traverser. Ce serait même essentiel. Outre la croissance économique mesurée par le PIB, il faut prendre en compte le niveau de santé publique, le niveau scolaire et d'éducation pour pouvoir réduire les inégalités dans ce domaine, ainsi que le taux de pauvreté. Nous devrions être capables de déterminer les dix principes selon lesquels nous voulons orienter le développement de notre société. En fonction du contexte, nous pourrons toujours mettre l'accent sur une question plutôt que sur une autre. Mais c'est le suivi de l'action sur l'ensemble de ces indicateurs qui devra orienter la gouvernance. Nous arrêterons ainsi de juger l'action gouvernementale au travers du seul prisme économique.

Ces indicateurs devront prendre en compte également la question de la biodiversité. Cela m'a frappé lors d'une rencontre récente avec Isabelle Autissier. Elle m'expliquait que la réserve naturelle de poissons dans l'océan avait une forme de résilience et pouvait se reconstituer en dix années, et que les poissons se remettraient à foisonner si on appliquait une logique de préservation de leur écosystème. Si l'on n'intègre pas ce genre d'éléments dans nos indicateurs pour gouverner le pays (je rappelle que la France est un grand pays maritime) et le monde, on continuera à traiter les questions de biodiversité comme un supplément d'âme des politiques publiques et de l'action de l'État… jusqu'au jour où l'on dira : « Tant pis, c'est trop tard. »

Je ne suis pas de ceux qui défendent une idée de décroissance. La décroissance est une logique paresseuse d'Occidentaux repus. C'est un concept très politique et ce n'est pas une bonne réponse aux enjeux de la planète. Ce qui m'intéresse, c'est le contenu de la croissance. Il s'agit de prendre en compte dans la production de richesses des éléments qui ne sont pas mesurées aujourd'hui, comme la qualité de vie ou la préservation de l'environnement. Si l'on veut redonner un contenu à l'idée de progrès, il faut le faire en redéfinissant ce qui constitue effectivement la richesse dans la société d'aujourd'hui. Ça ne se limite pas à la production de richesse monétaire. C'est aussi notre capacité à réduire les inégalités, à s'occuper des plus fragiles, à améliorer l'éducation des enfants. Je suis d'ailleurs frappé par le discours de certains patrons qui prennent de plus en plus conscience que la fragilité de la cohésion sociale constitue une menace pour leur modèle économique.

Je reste convaincu qu'une société se grandit dès lors qu'elle prend en compte les situations des personnes, des plus fragiles en premier lieu. Nous pouvons tous être concernés par ces fragilités : ce n'est pas une catégorie dans laquelle il faut ranger définitivement des personnes, c'est, dans un parcours de vie, un moment au cours duquel on a besoin d'aide… et qui dans certains cas perdure, car cette aide n'est jamais venue.

Cette manière de voir est à l'inverse de ces histoires de « ruissellement » et de « premiers de cordée ». Je suis persuadé que s'occuper des plus vulnérables – de la petite enfance aux personnes âgées, en passant par les dépendants, ceux qui sont en situation de fragilité sociale et de pauvreté – est une contribution essentielle à la richesse d'un pays. C'est pourquoi la CFDT revendique un bouclier territorial des services publics, pour les rapprocher de tous les citoyens et leur permettre ainsi un accès aux droits.

L'État ne fera pas l'économie de la recherche de sens. Je ne souhaite pas d'un État pragmatique, dont la seule préoccupation est d'adapter des moyens sans s'interroger sur les fins. Le développement des services publics numériques est symptomatique de la manière d'aborder les choses. On l'envisage bien plus comme un moyen de faire des économies de fonctionnement que comme un outil au service d'une ambition globale de renouveler les relations entre usagers et administration. Or le numérique peut contribuer fortement à l'amélioration de cette relation, même s'il ne peut pas être la seule réponse à ce problème. On ne peut pas créer du commun sur du pragmatisme. Si l'on doit recréer du commun, il faut que cela ait du sens pour tout le monde. Or je suis incapable de dire les buts que poursuivent ceux qui nous dirigent.

Si l'on en reste aux grands principes, tout le monde semble d'accord sur les objectifs : moins d'inégalités dans notre société et une meilleure préservation de la planète, gravement menacée. C'est quand viennent les choix politiques qu'on voit ce que valent vraiment ces déclarations. Prenons un exemple : la réduction des inégalités. Si l'on veut s'y attaquer, cela implique que l'on parle de la répartition de la richesse. Des oppositions se feront entendre. On ne sera pas d'accord avec le Medef sur ce sujet. Il va falloir faire des choix politiques, rassembler des majorités, passer des accords et des compromis.

L'État doit également, et toujours plus, tenir compte des enjeux du développement durable. On ne peut se satisfaire de slogans vides comme « Faire face à demain ». Cela n'a pas de sens, demain arrive de toute manière. Et il arrive avec plus de difficultés qu'on ne l'imaginait il y a quelques mois. C'est en fonction de cette situation que l'État doit se réinventer. Sa tâche sera d'organiser un compromis entre le développement économique, la question sociale et la question environnementale. Faire vivre l'articulation de ces trois dimensions exige des choix politiques qui conjuguent sens et engagements clairs. Cela bousculera nécessairement les activités économiques, mais aussi les choix de chacun en termes de consommation, de mise en œuvre de solidarités multiples. Changer notre modèle de développement pour le rendre plus juste et plus écologique implique de grands choix collectifs et passe par une prise de conscience individuelle de chaque citoyen.

Les services publics sont également des créateurs de valeur

L'intérêt de la prise en compte d'indicateurs plus diversifiés conduit à porter un regard nouveau sur les services publics. Il faut cesser de les considérer sous le seul angle de leur coût budgétaire ; il faut également voir leur contribution positive à la création de richesse collective. La santé, l'éducation, mais aussi la sécurité, individuelle et collective, tout comme le respect de l'environnement et de la biodiversité sont des biens communs dont l'entretien et le développement contribuent à la richesse collective. Ce sont des dépenses, certes, mais des dépenses d'investissement nécessaires.

L'exemple de la crise sanitaire que nous venons de traverser est édifiant à cet égard.

Cela faisait des années que l'hôpital était seulement considéré comme un coût. Toutes les politiques gouvernementales qui se sont succédé ont visé à réduire ce coût : réduction des lits, restriction de matériel, réduction des personnels et intensification du travail. Depuis sept ans, je dis qu'à ce rythme l'hôpital va craquer. Mais tant que cela ne craque pas, on fait comme si tout allait bien. Je me rappelle qu'en septembre 2019, on m'a fait remarquer : « Tu avais dit que l'hôpital allait craquer pendant l'été et finalement non, cela ne s'est pas produit. » Arrive la crise du Covid, l'hôpital est en passe d'être débordé, il faut dans l'urgence pallier les manques, rouvrir des lits, rappeler du personnel. Et on finit par constater que « c'est tout de même important, ce truc ! ». La santé est un très bon exemple de notre myopie sur le service public, car nous ne savons pas de quelle manière nous aurons besoin du système de santé demain. C'est l'exemple parfait d'un bien commun dont il faut prendre soin. L'idée n'est pas de dépenser sans compter, mais on a refusé d'entendre le cri grandissant des personnels hospitaliers qui prévenaient qu'on allait droit dans le mur.

Si nous avions prêté plus attention à ces questions de santé, nous aurions mieux encaissé le choc de l'épidémie, nous l'aurions mieux anticipé et il y aurait eu une tout autre ambiance sur le terrain professionnel. Il ne s'agit pas de dire que nous n'aurions subi aucun choc. Mais les conditions auraient été tout à fait différentes.

Pour l'hôpital, on est passé à deux doigts de la catastrophe et il y a eu de la casse. Il va nous falloir être attentifs à ceux qui ont traversé cette expérience : le travail harassant, la maladic ainsi que la surmortalité terrible des soignants. Il faudra bien sûr qu'ils bénéficient d'une reconnaissance professionnelle à la suite des mesures du Ségur de la santé. Mais, au-delà, il faudra apaiser leur colère quant à l'impréparation du système de santé. S'ils doivent faire face à une deuxième vague en automne, je ne suis pas rassuré. Le plan Buzyn suggérait déjà l'idée d'acheter davantage de petit matériel. Mais n'était-ce pas déjà tard ? Pendant la crise, on a vu des professionnels être obligés de bricoler du matériel de base pour se protéger ou protéger les patients alors que notre système est censé être assez performant au niveau opérationnel. C'est insensé. Cela démontre bien que, pour l'hôpital, la logique qui a prévalu pendant longtemps est celle des ratios budgétaires et non pas celle du bien commun.

On va m'objecter que je suis un idéaliste qui croit que l'on peut dépenser sans compter. Eh bien, non : je pense au contraire que l'argent public est tellement précieux qu'il faut bien le gérer, en définissant précisément quels objectifs et dans quels buts. Malheureusement, sur ces questions, l'État ne fait pas confiance aux acteurs locaux ou aux équipes présentes dans les hôpitaux. Il suradministre ses structures, bien que les besoins ne soient pas les mêmes dans tous les hôpitaux. Depuis 2012, la Fédération santé de la CFDT dit qu'il faut rendre obligatoire la négociation dans les hôpitaux sur l'organisation du travail. Je me souviens très bien d'en avoir parlé à plusieurs reprises aux différentes ministres de la Santé. Si leurs réponses témoignaient d'un réel intérêt, nous sentions bien que tout cela apparaissait trop « terrain » pour y consacrer de l'énergie. Si l'État avait accordé au dialogue professionnel dans les hôpitaux l'importance qu'il mérite, sans considérer les revendications des soignants comme de simples plaintes, mais comme des avertissements sur des problèmes réels, nous n'en serions pas là. Beaucoup de soignants évoquent depuis longtemps les problèmes de sous-équipement et de manque de personnel. Comment pourraient-ils ne pas ressentir de l'amertume ? Il faut savoir que depuis deux ou trois élections, près de 25 % du personnel hospitalier – des gens qui consacrent leur carrière professionnelle au soin des autres – votent pour le Rassemblement national[3], notamment parce qu'on ne les a pas écoutés lorsqu'ils nous ont alertés sur les conditions de travail, parce que l'État n'a pas pensé la santé comme une richesse, mais comme une dépense. Le slogan de la CFDT Santé, mais aussi des militants CFDT d'autres

3. Enquête Cevipof sur la présidentielle 2017, menée en mars 2016 : près de 25 % des agents de la fonction publique hospitalière ont l'intention de voter Marine Le Pen au premier tour du scrutin.

services publics ces dernières années, était « Je suis une richesse ». C'était très précurseur.

Je ne dis évidemment pas que le virus est arrivé par la faute du gouvernement, ni que la crise a été facile à gérer. Tous ceux qui se lanceront dans une critique systématique de ce qui a été fait plutôt que de chercher à penser la suite feront une bêtise. Mais la santé va rester pendant longtemps l'exemple même d'une impasse en matière de service public quand on s'enferme dans la seule logique budgétaire de réduction des coûts, sans autre horizon que le court terme.

Réorienter les services publics, c'est d'abord se redire les objectifs de l'action publique, c'est bien entendu leur donner des moyens suffisants et c'est aussi veiller à ce qu'ils soient bien au service des publics, c'est-à-dire de l'ensemble de la population. Dans ce domaine, l'État pourrait faire beaucoup mieux. Il ne doit pas s'obstiner à tout régenter, mais admettre que son rôle puisse s'enrichir d'une fonction d'intermédiation. Derrière ce terme quelque peu barbare, je veux dire que l'État devrait se donner comme fonction d'accompagner les parcours de vie des citoyens en renforçant le rôle des intermédiaires. Tous les militants CFDT qui travaillent dans des services publics en contact avec la population expliquent qu'accompagner les citoyens pour qu'ils accèdent aux services auxquels ils ont droit tout au long de leur vie est une action déterminante. Ce n'est pas toujours simple, par exemple, d'être parents et d'avoir des enfants en délicatesse avec le système scolaire, sans être forcément en difficulté. Ce n'est pas toujours facile de gérer un changement entre deux emplois ou d'aspirer à faire autre chose tout en ayant peur de se lancer. En septembre 2020, huit cent mille jeunes en fin de cursus de formation initiale vont entrer sur le marché du travail. Il va falloir en accompagner une bonne partie. Sur tous ces sujets, de nombreux dispositifs existent, mais on ne sait pas toujours si on y a accès ou comment entreprendre les démarches, car tout semble compliqué. Ce devrait être de la responsabilité des pouvoirs publics d'aider les citoyens à se saisir de ces dispositifs auxquels ils ont droit.

Sortir de la logique du guichet et développer celle de l'accompagnement est aujourd'hui nécessaire pour les services publics. C'est se préoccuper des citoyens et leur permettre de jouer leur rôle.

Repenser les modalités d'action de l'État

Il faut s'interroger sur la manière dont l'État met en œuvre ses politiques et déploie son action. Quand je dis l'État, cela ne se limite évidemment pas à ceux qui gouvernent.

La crise a montré qu'un État centralisé ne fonctionnait pas bien. S'il se déconcentrait et se décentralisait un peu plus, s'il faisait plus confiance aux acteurs publics en région, aux collectivités territoriales, les choses iraient beaucoup mieux. On l'a vu avec la polémique à Paris sur l'ouverture des parcs et jardins, au moment de la levée du confinement : pourquoi n'a-t-on pas laissé cette responsabilité à une collectivité territoriale alors qu'ailleurs en France, des maires, en accord avec le préfet, avaient le pouvoir d'autoriser l'accès aux plages ? Sur beaucoup de sujets, il vaut mieux laisser la responsabilité à d'autres acteurs que l'État.

Au cours de ces dernières années, dans la conduite de grandes politiques publiques, on a affaibli la décentralisation et la déconcentration. On a eu tendance à suradministrer depuis Paris, en se privant de toute capacité d'action au plus près du territoire. Cela a été le cas pour la politique de l'emploi, la politique économique, la politique de cohésion sociale, etc. Il faut interrompre cette logique recentralisatrice, pour déconcentrer et décentraliser un peu plus, ou un peu mieux.

L'État peut d'abord se porter garant de l'aboutissement des projets, par exemple à travers son investissement financier. Il ne s'agit pas de fixer aux politiques publiques des finalités ou des orientations différentes, mais de les conduire selon des modalités différentes. Trop souvent, l'État n'est pas en mesure d'apprécier de manière pertinente les réalités de terrain. Ce fut particulièrement sensible avec le protocole sanitaire de réouverture des écoles : un collège neuf avec des toilettes qui fonctionnent bien, ce n'est pas exactement la même chose qu'un collège dont le bâti est ancien avec des toilettes dans un état pitoyable, ce qui est une réalité dans bon nombre de collèges ou d'écoles. L'équipe éducative du collège neuf a ce souci-là en moins à gérer. Quant au collège ancien, il faut lui laisser l'opportunité de définir lui-même les conditions de sa réouverture en fonction de sa situation sur le terrain. La réponse de l'État sur ce problème a été de produire un document de soixante-cinq pages, qui prévoit tout dans les moindres détails et pour tout le monde : c'est à la fois déraisonnable et paralysant pour les acteurs sur le terrain. L'État aurait dû se limiter à rappeler qu'il faut être attentif à un certain nombre de gestes barrières et de comportements de précaution. À l'intérieur de ce cadre général, on pouvait prévoir les adaptations nécessaires, que seuls les acteurs locaux étaient en mesure de définir.

Quand il s'agit de faire, la mise en œuvre de l'action publique ne dépend pas toujours de l'État, mais aussi des acteurs de terrain – les collectivités locales et ceux de la société civile : associations, syndicats de travailleurs ou patronaux. Je représente une organisation syndicale qui organise des travailleurs dans tous les territoires et dans toutes les branches professionnelles : cela pourrait être une bonne idée d'écouter ce que nous avons à dire. Comme cela pourrait être une bonne idée d'écouter ce qu'ont à dire les associations de lutte contre l'exclusion dans les territoires urbains comme ruraux, ou bien les organisations économiques ou patronales. Encore une fois, si l'objectif est d'améliorer l'action publique, cela ne peut pas se faire entre quelques « sachants ». Si l'État veut bien s'en donner les moyens, il dispose d'un nombre considérable de relais pour conduire l'action publique. Mais il faut accepter d'écouter les autres acteurs ainsi que leurs idées.

Aujourd'hui, l'État est dans une logique de donneur d'ordres plus dure encore que celle des entreprises avec leurs sous-traitants dans l'industrie il y a quelques années. J'ai connu cela dans l'insertion professionnelle. On nous demandait des ratios de performance à renvoyer tous les vendredis. Ça ne correspondait à aucune réalité. On nous demandait la même chose à Saint-Nazaire qu'à l'équipe de Nantes. Le bureau de Nantes, à l'époque, gérait de l'activité en hausse, alors que nous avions 16 % de chômage les bonnes années. À Nantes, souvent, les gens n'avaient besoin que d'un coup de pouce. Nous, nous accompagnions des gens qui avaient des problèmes de santé, d'addiction, dans des situations beaucoup plus difficiles. Or nous avions le même tableau de bord. C'est idiot, on ne gère pas les choses de la même manière dans des situations aussi différentes.

Le rôle de l'État se situe au niveau de la stratégie, de la gouvernance globale, des grandes orientations, des grands choix politiques, des grandes politiques publiques. Il est le garant des principes : l'égalité, les libertés publiques, la fraternité – même si peu de gouvernants savent le faire quand il s'agit de fraternité. Mais dans l'action concrète, dans l'élaboration et l'exécution des politiques publiques, il doit faire confiance à d'autres.

S'il ne fait pas confiance à d'autres, cela ne marche pas. J'espère que l'on n'entendra plus de phrases telles que « l'État doit fonctionner comme une entreprise ». Cela n'a rien à voir. Encore une fois, cela ne veut pas dire qu'il ne doit pas tenir les budgets, mais il faut qu'on puisse délibérer des choix politiques et de leur mise en œuvre. Le consentement à l'impôt sera grandement facilité si les actions à mener et à financer pour le bien commun et la protection de tous sont assumées collectivement.

L'État peut compter sur de très bons fonctionnaires et opérateurs publics. Le problème, c'est que les agents publics n'ont plus confiance. On leur a vendu la révision générale des politiques publiques. L'expression était excellente. Mais cela s'est résumé à des regroupements dans les bureaux de l'État déconcentré, comme ceux où les personnes qui travaillent sur l'agriculture se retrouvent aux côtés de ceux qui se consacrent à la cohésion sociale, sans qu'on les consulte suffisamment. Ensuite, un autre gouvernement nous a parlé de la modernisation de l'action publique. Là encore, c'était une bonne idée, mais globalement on a repris la même logique avec une diminution drastique du nombre de fonctionnaires au nom d'exigences budgétaires et de limitation de la dépense publique. Ayons là-dessus un vrai débat. Où avons-nous besoin de gens pour mettre en œuvre l'action publique, et sur quels sujets ? D'autres peuvent-ils le faire ? Sous quelles conditions ? Telle est la réflexion qu'il faut conduire aujourd'hui sur l'action publique.

Il faudra y associer d'abord les agents publics, qui ont une connaissance fine de leurs divers métiers, ainsi que de la façon dont ils pourraient répondre encore davantage aux besoins de la société. Il faudra y associer ensuite tous ceux qui ont une connaissance fine de la réalité des territoires ainsi que des filières économiques. Nous aurons besoin de mener une mobilisation cherchant un consensus large pour changer le modèle de l'action publique.

Comme l'affirmait souvent Michel Rocard, le chemin est aussi important que le but. Personne n'est capable de dire où l'on en sera dans un ou deux ans. Si le chemin emprunté n'est pas porteur de sens, s'il ne prend pas en compte les exigences collectives et individuelles, si les choix ne sont pas partagés en prenant en compte des réalités vécues, on n'y arrivera pas. Cela ne veut pas dire qu'il n'y aura pas de controverses. Au contraire, il faut remettre de la controverse intelligente autour de nos choix, engager le dialogue autour de leurs enjeux, étape par étape. Nous n'avons pas besoin d'un plan de relance édicté par quelques-uns depuis un ministère. Nous avons besoin d'une gouvernance qui mette les différents acteurs en relation. Le rôle de l'État est d'être garant des politiques publiques après délibération sur le sens et la direction qui sont donnés. Prenons l'exemple concret de la lutte contre le décrochage scolaire. L'État peut avoir sur ce sujet des idées sur ce qu'il faut faire, mais l'action ne peut se résumer à envoyer des consignes par circulaires à n'en plus finir. À l'intérieur d'un cadre national commun, les équipes éducatives de chaque zone scolaire, avec le soutien d'autres acteurs comme les associations, les collectivités territoriales, les caisses d'allocations familiales, pourraient mettre en place des plans qui ne seront pas les mêmes à Rennes, à Paris ou à La Roche-sur-Yon, parce que les réalités n'y sont pas les mêmes. Tout l'enjeu serait alors que l'État accorde sa confiance aux acteurs locaux. On évaluerait ensuite ces politiques et comment elles ont été conduites, à l'échelle du temps nécessaire pour mesurer leur impact.

Sur la rénovation thermique des logements, on pourrait faire de même. Il s'agit d'un formidable levier territorial d'emploi, de réduction des inégalités. Et les enjeux écologiques sont énormes. L'État est en train de faire la démonstration qu'il ne peut être efficace seul avec son Agence nationale d'amélioration de l'habitat. La mise en œuvre de cette politique publique doit être renvoyée aux régions, voire aux départements. Le rôle de l'État doit être d'abord d'investir et d'inciter d'autres acteurs financiers à le faire. Il doit être ensuite de contrôler que la mise en œuvre se déroule conformément aux objectifs. Il devra également s'assurer que les moyens de formation suivent, pour que les opérateurs locaux puissent se mettre à niveau en matière de rénovation thermique : quelles rénovations conviennent à quelles formes d'habitat ? Quelles techniques utiliser ? Tout cela exige à la fois de la planification de la part de l'État et de la confiance dans les acteurs de terrain.

Pour ce qui concerne la gouvernance de la relance, une fois que l'on sera d'accord sur les grands principes qui doivent guider l'action pour les années à venir, il y aura des actions concrètes à mener et des arbitrages à faire. Ce ne sera pas un chemin pavé de roses. Peut-être faudra-t-il ranimer une structure du type du Commissariat général au plan. Elle aurait du sens pour que les politiques publiques soient conformes aux ambitions portées. À condition, évidemment, que celles-ci soient claires[4].

Si l'on conçoit le rôle de l'État comme celui d'un acteur qui doit maîtriser à lui seul la réalité, cela ne marche pas. Pour fixer ses politiques, il doit pouvoir comprendre quels sont les nouveaux besoins d'une société aujourd'hui plus disparate, plus fracturée, plus diverse, parcourue par des attentes contradictoires.

4. C'était censé être le but de la création de France Stratégie, comme cela figure dans ses missions, mais cela s'est avéré insuffisant et elle n'a pas été au bout de ses ambitions initiales.

L'État doit également s'interroger sur ce que sont les grandes fonctions sur lesquelles il ne doit pas hésiter à investir : la santé, l'éducation, la recherche, la sécurité ou la justice. J'aimerais insister sur le fait qu'il faut investir massivement dans la petite enfance. Le gouvernement a fait des choses dans ce domaine, notamment avec le dédoublement des classes. Il faut continuer dans cette direction. Le vieillissement est un autre secteur dans lequel l'État devrait investir : néanmoins, est-ce que cela devrait se faire, pour respecter les équilibres budgétaires, au prix d'un allègement de l'investissement dans d'autres secteurs ? C'est de cela qu'il faudrait pouvoir débattre. Chaque politique publique a sa spécificité. Et il faudrait les analyser une par une pour savoir comment les mener. On peut avoir des visions différentes. Je n'ai pas réponse à tout. Il faut débattre, discuter, bref, consacrer du temps à la controverse pour ensuite arriver à celui du compromis.

Le risque de la verticalité ne menace pas que l'État. Je dis souvent à la CFDT qu'il faut arrêter de dire à nos équipes de suivre le plan tel qu'on l'a prévu à la confédération. Ce n'est pas toujours bien vécu par certains en interne. On me dit par exemple que telle campagne ne s'est pas exactement déroulée comme on le voulait, et qu'elle n'a pas atteint tous ses objectifs. Mais si cette dynamique a créé un engagement collectif, une volonté de changer les choses, avec des résultats à la fin, n'avons-nous pas gagné l'essentiel ? Il n'y a pas d'un côté ceux qui savent et pensent et de l'autre ceux qui font. Je suis pour des personnes émancipées qui pensent, agissent et grandissent ensemble. C'est de l'éducation populaire… et le syndicalisme s'y inscrit pleinement.

Je suis sûr que les gens ont une formidable capacité à faire, mais il faut leur redonner le pouvoir d'agir. Dans la période qu'on a traversée, dans nos débats autour du « Pacte du pouvoir de vivre », nous avons vu que ce pouvoir d'agir est très en lien avec le pouvoir de vivre. C'est ce qu'exprime ce slogan CFDT : « Nous vivrons ce que nous changerons. » Il s'agit de redonner à chacun sa capacité à agir. Cela nécessite de la confiance. Et, au niveau national, la puissance publique n'accorde pas beaucoup sa confiance aux acteurs au contact de la réalité concrète. Cela reste un mystère pour moi qu'en France, alors que nous avons un des mouvements associatifs parmi les plus puissants d'Europe, on ne sache pas en tirer un meilleur parti.

Chapitre 4

VERS LA TRANSITION ÉCOLOGIQUE

S'inscrire dans la transition écologique est absolument essentiel. Je rappelle que l'impact du réchauffement climatique en termes de pollution, d'atteintes à l'environnement, mais aussi de perte en vies humaines est... considérable. L'erreur est de croire que l'urgence écologique ne se situe pas sur la même échelle de temps que l'urgence sanitaire et sociale : dès aujourd'hui.

Les enjeux de la crise écologique

La crise sanitaire ne peut reléguer au second plan la question écologique. Celle-ci est désormais bien documentée, avec notamment les rapports du Groupe d'experts intergouvernemental sur l'évolution du climat (GIEC), mais aussi celui de la Plateforme intergouvernementale scientifique et politique sur la biodiversité et les services écosystémiques (IPBES) sur la biodiversité[1]. En 2050, Paris affichera la température de Canberra ! Et Londres, celle de Madrid ! Et encore, c'est le scénario le plus optimiste[2]. Il ne s'agit évidemment pas que d'une question de température, mais de tous les dérèglements que cela va entraîner en cascade. La question écologique doit clairement être au cœur de nos politiques publiques et constituer un axe essentiel de notre développement économique pour les années à venir. Le risque majeur aujourd'hui, c'est que la question environnementale passe en bas du tableau des priorités, qu'on la considère comme un luxe ou une question de société marginale, et qu'on fasse prévaloir l'urgence économique sur l'urgence écologique. L'ambition du progrès exige de prendre l'urgence écologique au sérieux, donc de s'engager réellement dans un changement d'orientation de la croissance et d'envisager concrètement les conséquences de cette réorientation sur l'emploi. Il est illusoire de faire croire que la transition écologique va créer des emplois nouveaux par magie. La véritable révolution que nous devons accomplir est celle d'entrer dans le concret de ce que la transition écologique apporte en termes de travail et d'emploi.

---

1. Rapport de l'IPBES : https://ipbes.net/news/Media-Release-Global-Assessment-fr.
2. Voir l'étude publiée par la revue scientifique *PLOS ONE* et menée par des chercheurs de l'université ETH Zurich ; https://journals.plos.org/plosone/article?id=10.1371/journal.pone.0217592.

Il faut bien comprendre que la question environnementale est un facteur de relance économique. Notamment en Europe, si nous nous montrons inventifs et capables d'innover dans les industries que nous devons inscrire dans la transition écologique. Tous les secteurs économiques sont concernés : énergie, mobilité, bâtiment, alimentation… Et toutes les entreprises peuvent y contribuer en repensant leurs procédés de production, en investissant dans les compétences, en misant sur le recyclage et le réemploi tout au long de leur chaîne d'approvisionnement, sur la réparabilité et l'écoconception des produits… L'enjeu est de montrer que l'écologie est non seulement l'exigence de disposer de produits et de services qui répondent à des normes sociales, écologiques, voire sanitaires, mais également un moteur de relance économique. Nous devons aussi miser sur l'agroécologie et la sylviculture, et construire ainsi une véritable politique du carbone vivant. Nos mobilités vont être transformées, avec des modes de transport plus diversifiés selon les besoins. Bref, les opportunités sont là : saisissons-les ! Les activités que j'ai citées sont pour beaucoup plus intensives en emploi ; elles nécessitent un investissement écologique, mais aussi social. Avec le Green Deal qui s'amorce au niveau européen, et l'objectif au niveau continental d'une économie décarbonée, nous avons la possibilité de développer une activité économique de qualité à tous les niveaux : qualité des produits, des emplois, du travail et des formations. Il faut tendre vers la performance écologique et environnementale de l'appareil productif.

Il est crucial de faire le lien entre le développement économique, la justice sociale et l'exigence de protection de l'environnement sans perdre de vue la question démocratique. En effet, je vois poindre chez certains une forme d'attraction pour des solutions autoritaires à partir du raisonnement suivant : puisque nos démocraties ne sont pas capables de faire face aux défis environnementaux et de mener à bien la transition écologique, imposons-la à tout prix. C'est le risque de la dérive autoritaire.

La transition écologique et sociale nécessitera des règles communes, des normes, de la régulation, et nous devons les décider ensemble. Il est essentiel de procéder aux ruptures qui s'imposent dans un cadre démocratique. Si l'on veut prévenir cette tentation autoritaire, il faut faire les vrais choix maintenant et inscrire d'ores et déjà nos politiques publiques dans la trajectoire de la transition écologique. Il faut un réel investissement public et privé dans cette transition. Avec la crise, nous avons vu qu'il était possible de réorienter la dépense publique au service de l'humain et de la vie. C'est le moment de le faire aussi pour la transition écologique.

Pas de transition écologique sans choix de stratégie industrielle

La transition écologique ne peut se réduire à des aménagements superficiels, à du bricolage. Elle nécessite des investissements importants dans différents secteurs de l'économie. L'action politique doit être déterminée. Elle ne peut se limiter, comme le fait notre gouvernement aujourd'hui, à une approche parcimonieuse et frileuse des problèmes. C'est comme si nous étions dans une voiture qui roule à fond vers un précipice ! On a commencé, collectivement, à lever le pied. On n'avance plus à cent trente kilomètres à l'heure, on a réduit à quatre-vingt-dix. Mais le précipice est toujours là. Aujourd'hui, la question n'est plus de ralentir avant le précipice, mais de changer complètement de direction ! L'État doit proposer dans ce domaine un plan aussi ambitieux que le plan Marshall. Car il s'agit bien d'un changement de modèle de développement. Des choix drastiques doivent être faits en matière d'investissement. Impulser un véritable changement de modèle suppose de se fixer démocratiquement des objectifs ambitieux, de lancer le mouvement, de créer un effet d'entraînement et de ne jamais renoncer à la justice sociale.

Sur ces questions, il existe de nombreuses expériences étrangères dont nous pourrions nous inspirer. Par exemple, en Californie, la taxation du carbone est affectée pour moitié à la transition écologique des bâtiments et des transports et pour moitié à l'accompagnement des ménages les plus modestes pour faire face à cette transition. C'est ce genre de mesures qu'il faut mettre en place.

Nous le savons, le transport et l'habitat sont deux secteurs majeurs qui contribuent à l'émission de CO_2 et donc au réchauffement climatique. Pour ce qui concerne l'habitat, je le répète, il est nécessaire d'engager la rénovation thermique des logements, les bâtiments publics comme les bâtiments privés. La rénovation thermique, c'est gagnant pour tout le monde ! Pour le citoyen qui paiera moins cher. Pour l'emploi et pour les territoires, parce que ce n'est pas délocalisable. Et pour la planète. L'État a la capacité de lancer un vaste plan d'action qui engloberait la rénovation des bâtiments publics, des logements, et l'accompagnement des ménages les plus en difficulté. Cela pourrait prendre la forme d'un plan d'investissement prévoyant un taux de participation individuelle différencié selon les revenus, avec un « reste à charge zéro » pour les ménages les plus modestes. Voilà un vrai choix de politique publique ! Or cela fait des années que les gouvernements successifs se fixent des objectifs de rénovation sans se donner les moyens de les atteindre. Et surtout, ils ne tiennent pas suffisamment compte de la nécessité d'accompagner. Il faut accompagner les ménages, financièrement bien sûr, mais aussi concrètement, pour passer à l'action. Il faut accompagner aussi les entreprises pour former les travailleurs, construire des offres de rénovation globale. Il faut une vision, un projet, des moyens pour réaliser la transition, sans oublier un suivi et une évaluation.

En ce qui concerne les transports, il est plus difficile d'agir. Il n'y a pas toujours d'alternative à la voiture. En outre, on touche à des secteurs économiques qui emploient des dizaines de milliers de travailleurs dans les territoires, notamment autour de l'automobile. La transition dans ce domaine ne peut pas se faire sans mettre en place des infrastructures lourdes et des innovations ambitieuses. Ce n'est pas simple, mais cela reste nécessaire. On voit bien que la puissance publique doit jouer un rôle d'impulsion : cela peut passer par des normes d'émission ou de poids des véhicules, par le soutien à des infrastructures, par exemple des bornes de recharge pour les véhicules électriques. En France, la loi d'orientation des mobilités prévoit l'interdiction de vente de véhicules essence ou diesel d'ici 2040. Résultat : Renault va réorienter sa stratégie sur la voiture électrique. Cela ne se fait pas sans difficulté : des sites entiers doivent être transformés, des salariés doivent changer d'activité, des sous-traitants peuvent être mis en difficulté s'ils ne sont pas accompagnés dans le changement de spécialité. Surtout, c'est à une échelle plus globale qu'il faut penser les mobilités : est-ce que demain, j'aurai encore une voiture personnelle qui me servira à aller au travail comme à partir en vacances en famille ? Ou est-ce que je pourrai prendre mon vélo pour aller à la boulangerie, le bus pour me rendre chez le médecin, un petit véhicule ou un TER pour rejoindre mon travail, le train pour rendre visite à mes parents et un véhicule spacieux pour transporter mes valises ou le matériel de camping de mes vacances ? Nous devons agir vite, mais penser loin ! Dans l'aéronautique, c'est la recherche qui est déterminante. Il y a quelques pistes, même si ce n'est pas pour tout de suite. Jean-François Rial, le patron du voyagiste Voyageurs du Monde, a donné une interview en ligne décapante[3]. Il explique très bien qu'à court terme, si l'on veut intégrer les conséquences écologiques, le coût des voyages en avion va obligatoirement augmenter. Chez Air France, le plan de relance implique que la compagnie doive abandonner toutes les lignes situées à moins de deux heures trente de Paris. Je vais être très franc : c'est inéluctable. Mais cela ne peut pas se faire sans tenir compte des salariés d'Air France, de leurs craintes, de leurs aspirations et surtout de leur devenir. Tout cela nécessite des anticipations. Si, du jour au lendemain, on demande de mettre fin aux escales, en France, ce ne sera pas possible. C'est aussi une question de méthode : si l'on traite le problème dans le cadre d'un dialogue en envisageant le long

3. *L'Écho touristique*, 5 mai 2020. www.lechotouristique.com/article/jean-francois-rial-il-faut-reinventer-le-tourisme-afin-de-sauver-la-planete.

terme, on arrivera très probablement à une solution. Si c'est fait à la hussarde en mettant la question sociale sous le boisseau, cela ne pourra pas fonctionner.

L'avenir de ces secteurs dépend de choix politiques. Ne nous trompons pas, il ne sera pas facile de trouver une solution satisfaisante. Toute la difficulté sera de concilier la défense de l'emploi, qui est une priorité, avec les évolutions sociétales et technologiques nécessaires.

Concilier la transition écologique et des emplois de qualité

Il y a peu, je discutais avec le syndicaliste italien Luca Visentini, secrétaire général de la Confédération européenne des syndicats, et avec nos camarades polonais. J'ai pu constater qu'avec leur charbon à foison, il n'est pas facile de les faire adhérer à une logique de développement économique fondée sur la transition écologique. Je me trouve parfois démuni dans mes conversations avec eux. On ne va pas les contraindre. Ce n'est ni possible ni souhaitable. C'est pour cela qu'il est nécessaire de faire preuve de conviction sur nos enjeux communs à long terme et de dialoguer. Certains secteurs vont sans doute souffrir, pendant que d'autres se développeront. Le sujet, c'est de savoir comment accompagner la transition pour les travailleurs et les entreprises des secteurs en déclin vers ceux en devenir.

Cela nécessite de suivre des trajectoires connues de tous : aujourd'hui, c'est la « Stratégie nationale bas carbone » qui prévoit qu'en 2050, nous n'émettrons pas plus de carbone que nous ne serons capables d'en capter. C'est ce qu'on appelle la neutralité carbone. Une fois qu'on a dit cela, il faut savoir comment on fait. Pour diminuer de 75 % nos émissions de gaz à effet de serre d'ici à 2050, on ne pourra pas attendre 2049 pour agir. Cela pose les questions suivantes : quels objectifs intermédiaires fixe-t-on pour atteindre cet objectif sans trop de casse ? Où doit-on en être en 2025 ? en 2030, etc. ? Et comment les atteint-on ? Dans chaque secteur, dans chaque région, cela signifie quoi, concrètement ? Comment évite-t-on les *stop and go* et comment donne-t-on une visibilité de long terme aux acteurs ?

Prenons l'exemple de l'hydrolien, qui consiste à exploiter l'énergie des courants marins à l'aide de turbines. Cela aurait pu être une formidable opportunité pour tous les territoires d'outre-mer. Encore fallait-il se donner les moyens de répondre aux défis technologiques que pose l'exploitation de ce type de ressources. Or l'usine de Cherbourg qui devait fabriquer les hydroliennes a fermé en 2018, simplement parce que l'État a refusé de s'engager sur un appel à projets de 60 millions d'euros environ, qui aurait permis à Naval Énergies de poursuivre son activité. La logique budgétaire a prévalu au détriment du développement de cette activité. Aujourd'hui, c'est le Japon qui se saisit de cette technologie. Tant que nous ne parvenons pas à envisager de tels investissements dans le moyen terme et même le long terme, nous serons dans une impasse.

Ne nous leurrons pas, cela ne résoudra pas tous les problèmes d'emploi dans l'industrie. Mais il faut montrer que la réorientation de certaines activités dans le sens de la transition écologique peut d'ores et déjà être génératrice d'emploi. C'est là qu'il faut faire preuve de créativité et d'imagination. Nous devons pousser au développement de nouvelles activités dans une logique écologique, non seulement dans les filières économiques, mais également dans les territoires. Il faut accompagner ces transformations en encadrant le transfert de compétences des activités polluantes vers celles de la transition écologique, en organisant les formations adéquates.

Dans la foulée de sa loi de protection du climat, l'Allemagne a mis en place des commissions thématiques (mobilité, bâtiment, énergie, etc.) chargées d'organiser cette transition de l'activité et de l'emploi. Instaurées par le gouvernement, elles sont déclinées dans chaque Land (les régions allemandes) et associent les représentants des travailleurs et du patronat, et des économistes, des scientifiques, des élus. Ainsi, quand l'État fédéral dit « sortie du charbon en 2038 », les commissions disent : « d'accord, mais à trois conditions : un, sécuriser les salariés en termes d'emploi, de qualification, d'accompagnement vers un nouvel emploi ; deux, sécuriser les territoires, c'est-à-dire que les nouveaux emplois doivent être créés dans les territoires où le charbon pourvoyait de l'emploi et que le gouvernement s'engage à y implanter des services publics, des projets de recherche et développement, des clusters de recherche, etc. ; trois, chacune des étapes doit être négociée pour qu'elle soit acceptable socialement, que la capacité du réseau énergétique soit préservée et le coût de l'énergie maîtrisé. »

Voilà ce qu'il faut faire, se mettre autour d'une table pour dire : on veut être neutre en carbone en 2050, cela veut dire quoi pour l'aérien, pour l'automobile, pour le bâtiment, pour l'alimentation ? On fait comment ? Et on propose quoi à la place ?

Agir en Europe : pour un plan Marshall de la transition écologique

L'engagement rapide de l'Europe dans la transition écologique est primordial. Le « Pacte finance-climat[4] » propose de mettre la finance au service du climat, c'est-à-dire d'investir, y compris par la dette, dans le financement des économies d'énergie et le développement des énergies renouvelables. Si ces propositions sont mises en œuvre, on pourra engager des transformations capitales :

4. www.pacte-climat.eu/fr.

l'Europe investira massivement dans les infrastructures, impulsera des changements de modèle puissants, et accompagnera les mutations de son industrie.

La question essentielle qui se pose dans une telle perspective est de savoir si l'Europe, dans sa configuration actuelle, peut agir à la hauteur de ces enjeux. Autrement dit : avons-nous des acteurs politiques, économiques, syndicaux, en France et au niveau européen, prêts à s'engager dans cette voie ? Aujourd'hui, nous n'y sommes pas encore, mais les possibilités existent. La France doit peser en faveur d'un projet ambitieux pour l'Europe. Il faut se battre comme nous le faisons au niveau national avec le « Pacte du pouvoir de vivre[5] ». Nous pouvons aller de l'avant et créer un nouveau rapport de force au niveau européen. La tribune commune de la confédération syndicale allemande DGB avec cinq organisations françaises CFDT, CFTC, CGT, FO et Unsa en faveur d'une relance européenne ambitieuse y contribue. Le patronat semble aussi avoir pris conscience de la nécessité d'aller de l'avant sur le sujet : tant mieux ! L'objectif est de parvenir à réunir tous les acteurs concernés, ce qui suppose de mobiliser à différents niveaux la population aussi bien que les syndicats, les partis politiques et les « corps intermédiaires ». Cela veut dire agir dans les entreprises, dans les territoires, dans les filières comme au niveau national.

5. Voir plus loin, p. 123.

Développer les contrats de transition écologique

Dès à présent, il est possible de passer à l'action. Engageons des débats largement ouverts, réfléchissons ensemble à ce que nous pouvons faire sur un territoire donné, un bassin d'emploi, pour changer les modèles de production, pour réinventer nos façons de nous déplacer et accompagner les travailleurs dans cette période de mutation. Des contrats de transition écologique ont été proposés par la CFDT[6]. L'idée est d'examiner, quand une activité doit être transformée, comment les qualifications d'un salarié peuvent être utilisées dans une autre activité ; ou de voir comment une entreprise peut changer d'activité. Travailleurs comme entreprises ont besoin d'être accompagnés dans ces transitions : c'est l'esprit des contrats de transition écologique. Nous pensons qu'il faut les développer, pas seulement de manière défensive comme le gouvernement a commencé à le faire – en oubliant d'associer les représentants des travailleurs au passage –, mais surtout de manière offensive. Cela suppose d'utiliser des outils qui permettent de cartographier les compétences d'un territoire ou d'un site pour identifier les forces et les faiblesses, donc les opportunités et les besoins en formation. Nous pourrons d'autant mieux élaborer de

6. Voir Laurent Berger, Pascal Canfin, *Réinventer le progrès. Entretiens avec Philippe Frémeaux*, Les Petits Matins, 2016.

tels contrats qu'on laissera de l'espace aux différents partenaires, qu'on facilitera les initiatives, qu'on ouvrira les vannes en termes de réflexion et que l'on financera les changements de modèle.

Pour développer ces contrats de transition écologique, il faut associer les citoyens dans leur diversité. L'une des clés de la réussite sera de parvenir à mener une action efficace auprès de la population, en modifiant en profondeur les comportements et en s'appuyant sur les acteurs locaux.

Les premiers acteurs concernés sont les collectivités territoriales. Elles ont une grande capacité d'entraînement et peuvent être le relais de politiques nationales. Les citoyens ont confiance en leurs élus locaux. Quand l'intérêt commun est en jeu, il faut faire converger les acteurs et les initiatives. Il est illusoire de croire que les citoyens seront d'eux-mêmes demandeurs d'une rénovation thermique par exemple. Il faut qu'ils soient encouragés à s'engager dans cette voie. Les élus locaux et les associations peuvent jouer ce rôle. C'est pourquoi il faut les impliquer dans ces actions, car ils sont au plus près de la population.

On peut très bien imaginer que, dans les entreprises, les organisations syndicales soient une force d'impulsion. Les comités sociaux et économiques pourraient proposer, au titre de leurs activités sociales, d'accompagner des salariés dans la rénovation thermique de leur logement. On pourrait aussi s'inspirer de l'esprit qui a présidé à la mise en place des conseils en évolution professionnelle : l'aide et le conseil aux salariés qui veulent réorienter leur parcours professionnel font partie du rôle des représentants du personnel. Ce type de démarche peut également s'étendre à la vie quotidienne des salariés. La CFDT, première organisation syndicale des travailleurs, porte ce type de propositions. Je souhaite que nous soyons entendus, comme nous l'avons été sur le conseil en évolution professionnelle.

En ce qui concerne l'écologie, le président de la République s'est borné à créer le Conseil de défense écologique à la suite du Grand Débat. Cependant, les engagements tardent à se traduire en actes. Une bonne partie des sommes provisionnées pour la rénovation thermique n'a pas été dépensée parce qu'on n'a pas créé les conditions pour qu'il y ait suffisamment de projets. Résultat : cela fait uniquement plaisir à Bercy, qui voudrait qu'on dépense moins, alors qu'il s'agit de dépenses d'investissement, qui à terme ne peuvent qu'être fructueuses ! Ce manque d'efficacité met en évidence que le problème pour s'engager effectivement dans la transition écologique est l'incapacité française à laisser émerger les initiatives en provenance de la société civile. Cela légitime, si besoin était, la nécessité d'une action associative et syndicale forte dans ce domaine.

Le « Pacte du pouvoir de vivre » porte cette conviction qu'agir pour plus de justice sociale et lutter contre les inégalités n'est en rien contradictoire avec l'engagement dans la transition écologique, au contraire ! Et que, si l'on veut associer ces deux ambitions, il faut envisager autrement que nous ne le faisons aujourd'hui les types d'investissements, la répartition de la richesse, la façon dont chacun contribue à l'effort collectif.

Accompagner les changements de comportements individuels

Personne ne peut imaginer réaliser ce virage écologique sans changements à tous les niveaux de la société : celui des choix collectifs comme celui des comportements individuels. Les gestes individuels ne sauveront peut-être pas la planète, mais ils n'en sont pas moins fondamentaux. Les choix politiques d'envergure dont nous avons évoqué l'absolue nécessité doivent se conjuguer avec les efforts quotidiens de chacun pour respecter la nature et l'environnement. Je suis plutôt confiant dans les nouvelles générations. C'est pourquoi il faut poursuivre et amplifier l'effort d'éducation des enfants dans ce domaine.

Aujourd'hui, la majorité d'entre nous ont pris l'habitude des gestes écologiques du quotidien : trier les déchets, éteindre la lumière, éviter le gaspillage. On assiste également à une transformation rapide des comportements alimentaires, même si cela reste très conditionné au pouvoir d'achat et à l'éducation. La période de confinement a été particulièrement propice à l'émergence ici ou là de nouvelles pratiques de consommation : retrouver le plaisir de se faire ses repas, privilégier des circuits courts, mais aussi s'interroger sur les conditions de travail de ceux qui nous permettent de manger. Une partie de la population a perçu l'impact de ces questions. Il n'en a malheureusement pas été de même pour d'autres usages sociaux, en particulier l'automobile. Les gens sont, à cet égard, beaucoup plus contraints, économiquement, psychologiquement et socialement. Il faut développer des transports plus performants, plus efficaces, plus collectifs, moins polluants, même si les changements de comportements prendront du temps.

L'évolution des comportements individuels ne suffira pas si des mesures globales relevant de choix politiques courageux ne sont pas mises en place, notamment pour aider ceux qui n'ont pas le choix. Mais, quelles que soient les politiques mises en œuvre, il appartiendra toujours à chacun d'être conscient de son environnement et de questionner son mode de vie au regard des impératifs écologiques : cela nécessite donc d'accompagner, de former, de sensibiliser. On ne peut pas réclamer de grands choix macroéconomiques et considérer dans le même temps que nous n'avons pas de responsabilités individuelles pour permettre les évolutions collectives.

Ces responsabilités doivent être accompagnées socialement. C'est la genèse des Gilets jaunes. Dans son principe, la taxe carbone était une bonne idée. Mais son défaut originel – nous avions alerté sur ce point – était de ne pas prendre en compte les réalités du quotidien. Si on avait accompagné la mise en œuvre de la taxe carbone par des mesures sociales d'accompagnement et de redistribution, on n'en serait pas arrivé à cette situation. Si le gouvernement avait déclaré : « Nous créons une nouvelle taxe sur les carburants qui sera affectée d'une part au développement de modes de transport alternatifs, et d'autre part à des expérimentations de nouveaux usages », et qu'il avait précisé : « Elle ne pénalisera pas les plus modestes car des mesures d'accompagnement sont prévues », les choses auraient sans doute été différentes. Les ménages les plus pauvres sont aussi intéressés par la transition écologique – sans doute plus que tout autre, car ils subissent plus fortement les effets de l'inaction ! Mais, quand on a du mal à boucler les fins de mois, cette transition écologique, si on ne l'explique pas et si on ne l'accompagne pas, ne paraît pas être autre chose qu'une difficulté insurmontable de plus.

L'objectif est bien de parvenir à concilier les préoccupations personnelles de chacun et l'intérêt collectif : boucler les fins de mois, vivre décemment et en même temps lutter contre la détérioration environnementale. Si les efforts individuels qui sont demandés ne sont pas cohérents et entraînent un surcoût pour les plus fragiles, ils seront refusés. C'est là tout l'enjeu autour de la transition écologique et la clé de l'évolution de notre société vers un modèle de développement plus sobre et en même temps plus juste.

Un syndicat acteur de la transition écologique

La question de la transition écologique interroge directement les organisations syndicales et leur rôle traditionnel, tant les transformations nécessaires du modèle productif bousculent l'exercice du travail, l'emploi, la protection sociale... Pour le syndicalisme, cela signifie considérer les travailleurs au-delà de la sphère du travail. Pour la CFDT, ce n'est pas une nouveauté : nous avons toujours dit que le salarié, l'agent public ou le travailleur indépendant est aussi un citoyen, un consommateur, un usager. La CFDT porte ces préoccupations depuis longtemps. La Confédération syndicale internationale a un slogan : « Pas d'emploi sur une planète morte. » C'est une façon de nous interroger sur nos priorités. Cela invite à réfléchir autrement : nous, syndicalistes, mais aussi nous, citoyens, et nous, responsables de tous horizons. Pour nous, syndicalistes : agir avec de nouveaux partenaires, nouer des alliances inédites. Nous voulons rassembler deux enjeux : le travail, l'emploi et la justice sociale d'une part, et de l'autre l'écologie, en formulant des propositions très concrètes. Telle est la voie que nous avons commencé à défricher en construisant avec d'autres le « Pacte du pouvoir de vivre ».

Chapitre 5

LE « PACTE DU POUVOIR DE VIVRE », POUR SORTIR DE LA CRISE ET AU-DELÀ

Le temps des alertes écologiques doit être dépassé. Tout le monde sait aujourd'hui à quoi s'en tenir. Personne ne pourra dire qu'il ne savait pas. Le temps est maintenant celui de l'action. Avec d'autres organisations – associations, syndicats, fondations, mutuelles[1] –, nous avons lancé le « Pacte du pouvoir de vivre » le 5 mars 2019, avec l'ambition de porter ensemble nos solutions pour concilier l'impératif écologique avec l'impératif social. L'idée était d'éviter de faire une énième tribune, et d'inscrire notre initiative dans un temps long en élaborant soixante-six propositions concrètes[2] fondées sur notre socle de valeurs communes, en agissant ensemble au niveau national comme au niveau local.

1. Voir la liste des organisations signataires du « Pacte du pouvoir de vivre » : www.pactedupouvoirdevivre.fr/les-organisations-signataires/.

2. www.pactedupouvoirdevivre.fr/le-pacte-en-bref.

Les trois temps de la crise

Dans la crise que l'on vient de traverser, trois temporalités se sont chevauchées. Sur le court terme, il y a eu la crise sanitaire elle-même, avec le confinement. Sur ce point, reconnaissons que le gouvernement a plutôt répondu présent. Les organisations du Pacte aussi ! Et notamment celles qui se consacrent à la lutte contre la pauvreté et l'exclusion : elles ont été en première ligne pour apporter des réponses aux personnes le plus en difficulté. Nous ne sommes hélas pas du tout certains d'être sortis de cette crise sanitaire. Si l'épidémie reprenait de manière importante, il est très possible que nous nous retrouvions de nouveau confinés plus ou moins partiellement.

Sur le moyen terme, il y a la reprise d'activité et les problèmes auxquels il faudra faire face, notamment en termes d'emploi. Ainsi, début mai, le Pacte a formulé quinze nouvelles propositions pour apporter des réponses immédiates, entre autres à ces questions. Pour cette période de reprise de l'activité, le Pacte porte l'idée d'éviter de creuser plus encore les inégalités et de tendre la main aux personnes qui sont au bord du gouffre plutôt que de les y précipiter. Il s'agit par exemple de soutenir en priorité les ménages les plus modestes, avec la revalorisation du RSA et son extension aux 18-25 ans : il est inacceptable de laisser des milliers de jeunes sans aucune ressource !

Il y a aussi l'attention au sort des personnes sans-abri : grâce à l'action des associations, le gouvernement a su leur trouver un toit pendant la crise. Les renvoyer à la rue dès le mois de juin est unc sottise inouïe. Parmi les personnes en situation précaire, il y a aussi les travailleurs sans-papiers qui pour beaucoup ont continué à travailler pendant le confinement, sans protection sociale. La CFDT, avec le Pacte, demande leur régularisation afin qu'ils puissent bénéficier des mêmes droits que tous les travailleurs. C'est un sujet qui me tient particulièrement à cœur.

Nos propositions de sortie de crise[3] portent également sur le versement d'une prime uniforme aux salariés du secteur de la santé, mais également à ceux des secteurs en première ligne.

Enfin, pour ne pas répéter les erreurs de 2008, le Pacte a revendiqué d'imposer des conditions écologiques et sociales à l'octroi de l'aide publique aux grandes entreprises.

Pour pousser nos propositions, nous avons beaucoup agi auprès du gouvernement. Ainsi, nous avons pu obtenir des avancées telles que l'aide de 250 euros par mois apportée aux foyers les plus modestes. Il faut prendre acte de cette prime en s'assurant que toutes celles et

3. Voir la liste exacte des quinze propositions du Pacte du pouvoir de vivre pour sortir de la crise : www.pactedupouvoirdevivre.fr/les-15-mesures-indispensables-pour-la-fin-du-confinement/.

tous ceux qui y ont droit puissent réellement en bénéficier. C'est la preuve qu'avec des propositions sérieuses et concrètes, il est possible de faire bouger les lignes.

Mais, à l'évidence, ce n'est pas suffisant. Il faut prendre la mesure du phénomène d'exclusion qui peut s'emballer avec cette crise. Des millions de ménages sont déjà sous tension en permanence : on parle beaucoup des fins de mois, mais c'est parfois dès le début du mois que le reste à vivre ne suffit pas. La moindre dépense imprévue devient insurmontable. Je demande clairement plus. Début 2019, le Pacte disait qu'un modèle de société qui génère autant d'inégalités en mettant en péril la vie sur la planète n'est plus un modèle mais un non-sens : nous y sommes ! Nous l'avons rappelé dans une tribune parue fin juin, qui appelle à repenser notre mode de développement pour nous prémunir contre les prochaines crises. Et cela commence dès maintenant par les choix budgétaires dans le projet de loi de finances et la déclinaison des 39 milliards d'aide du Fonds européen pour le plan de relance : ils doivent répondre à l'urgence sociale du moment et en même temps à l'urgence écologique, moins visible et pourtant tout aussi dramatique si l'on n'agit pas.

Enfin, si l'on envisage le plus long terme, viendra le moment de parler de ce qui va se passer dans les mois et les années à venir, de ce qu'il faut construire au-delà de la relance. Le Pacte propose un chemin vers cet horizon. C'est pour cela que nous avons proposé la tenue d'une grande conférence de transformation sociale et écologique : « Les états généraux du pouvoir de vivre ». Je ne suis pas attaché aux termes, cela pourra s'appeler autrement. Sur le fond, il nous faut un processus démocratique qui rassemble les représentants de la société civile, les élus locaux, les parlementaires et le gouvernement, en s'appuyant aussi sur les conclusions du travail mené par les cent cinquante citoyens de la Convention citoyenne pour le climat. Avec des règles du jeu claires : un format court, des objectifs circonscrits qui visent à construire un consensus qui serait par exemple le socle d'une loi-cadre sociale et écologique qui engage chacun des acteurs. C'est un modèle de gouvernance qui peut prendre forme aussi sur les territoires, autour des enjeux locaux qui vont être au cœur de la relance.

Pour l'instant, dans le cadre de la crise, le gouvernement ne donne pas beaucoup de signes de la prise en compte des enjeux du moyen ou du long terme. Il semble totalement happé par le court terme. Il ne donne pas davantage de signaux positifs pour un changement de modèle de gouvernance, qui serait plus partagé et plus respectueux de toute l'épaisseur de la société. Je l'ai dit clairement – y compris au président de la République : s'ils travaillent sur un coin de table, avec quelques experts, sans même penser à nous associer en amont, cela ne fonctionnera pas.

Un autre modèle de gouvernance

Encore une fois, le gouvernement devrait réfléchir autant à la démarche qu'au contenu. Cette démarche, il faudrait qu'elle soit la plus large possible, la moins concentrée entre les mains des sachants. La tribune du Pacte publiée en juin a pour titre : « La concorde ne se décrète pas, elle se construit. » C'est bien de cela qu'il s'agit. C'est aussi de la méthode : véritable concertation, loyauté des débats, respect du rôle de chacun et de l'état d'esprit. Il faudrait que le gouvernement comprenne que le suffrage universel le légitime à agir et à prendre des décisions, mais ne lui donne pas pour autant la science infuse. Prendre en compte la société civile organisée, c'est donner à la politique menée toutes les chances de réussite. L'exemple de la taxe carbone, nécessaire sur le fond mais en décalage complet avec les réalités vécues par les citoyens, en est le meilleur exemple. On a vu ce que cela a donné.

Je suis persuadé que nous abordons un moment décisif : un point de bascule. Est-ce que l'on repart comme avant, avec un peu de cosmétique et quelques déclarations pour la forme, en disant que l'on a compris les enseignements de la crise ? Ou est-ce que l'on s'inscrit avec exigence dans un autre modèle de développement qui intègre les nouveaux enjeux sociaux et des indicateurs de richesse plus complets ? C'est une question dont il faut trouver les moyens de délibérer ensemble. Je ne considère pas que la CFDT, même avec le « Pacte du pouvoir de vivre », puisse avoir raison toute seule. Ce qui est sûr, c'est que cela n'a plus de sens – cela n'en a d'ailleurs jamais eu – d'attendre le discours télévisé du président à vingt heures pour savoir ce qu'il va se passer ensuite. Il faut que le gouvernement intègre cette nécessité de la délibération collective.

Ce qu'est le « Pacte du pouvoir de vivre »

À l'origine, le « Pacte du pouvoir de vivre » est une initiative que la CFDT a prise avec dix-huit autres organisations, au moment du mouvement des Gilets jaunes. La conscience de la gravité de la crise et la nécessité de présenter un document pendant le Grand Débat nous ont contraints à travailler très vite et de façon efficace. Après avoir rédigé à plusieurs mains un « document martyr » fondé sur les propositions de chaque organisation, nous nous sommes réunis le 14 février 2019 pour une journée de travail avec tous les responsables. Cette journée restera comme un très bon souvenir pour moi. J'étais en compagnie de responsables d'organisation, des amis dont j'apprécie vraiment l'engagement. Elle illustre ensuite ce que peut donner l'intelligence collective lorsqu'elle est mise au service d'un objectif commun, autour de valeurs communes qui ne se sont jamais démenties ensuite. Ce n'était pas toujours simple, et les débats ont parfois été âpres. Mais toujours dans le respect et la volonté d'avancer.

Ainsi est né le « Pacte du pouvoir de vivre ». Soixante-six propositions qui visent à infléchir radicalement nos orientations collectives pour préserver la vie sur notre planète à long terme tout en répondant aux enjeux de justice sociale et de réduction des inégalités. Nous avons rendu ces mesures publiques le 5 mars 2019. Dans les mois qui ont suivi, nous avons été rejoints par des dizaines d'organisations qui se sont reconnues dans notre démarche. Ainsi, un peu plus d'un an après son lancement, nous sommes cinquante-neuf organisations signataires du Pacte. Un chiffre en progression constante.

Nous avons été critiqués, au moment du lancement du Pacte. Certains nous ont reproché de vouloir « faire un coup de com » : or la preuve est faite que ce n'était pas une affaire ponctuelle. Il s'agit pour nous de proposer des orientations à long terme et de construire des partenariats durables. Plusieurs propositions ont été critiquées au prétexte qu'elles n'étaient pas complètement abouties ; c'était vrai à l'époque, toutes les propositions n'étaient pas totalement finalisées, mais depuis nous avons continué à travailler collectivement pour les préciser. Le Pacte, qui désigne aujourd'hui moins le document initial que l'alliance inédite de cinquante-neuf organisations, est un processus en évolution permanente, aussi bien sur le fond que sur la forme. Ce qui a le plus compté dès le lancement, plus encore que le degré d'achèvement de telle ou telle mesure, a été de créer une dynamique.

Les soixante-six propositions du Pacte sont regroupées en quatre parties : « Réinventer le bien commun pour refaire société[4] », « Remettre l'exigence de solidarité et de justice sociale au cœur de l'économie[5] », « Réconcilier transition écologique et justice sociale pour construire un avenir partagé[6] », « Partager le pouvoir pour mieux agir[7] ». Ces propositions sont issues de la réflexion collective et nous nous sommes assurés de leur faisabilité économique et sociale. Elles s'inscrivent dans le long terme et poursuivent un objectif exigeant : la transformation durable de nos modes de vie pour créer une société juste et écologique. La concertation croisée sur ces questions n'existait nulle part. Grâce à nous, elle voit le jour et se retrouve même au centre de l'agenda politique. De nombreux ministres en ont parlé avec intérêt. Ils n'osent pas dire qu'ils sont d'accord avec nous sur un certain nombre de sujets, mais, quand ils interviennent dans les médias, ils reprennent des idées que nous leur avons données. C'est vrai aussi de responsables politiques de différents horizons. C'est

4. Propositions 1 à 26.
5. Propositions 27 à 43.
6. Propositions 44 à 54.
7. Propositions 55 à 66.

pour nous le signe qu'il faut continuer à faire pression, à diffuser nos analyses et nos propositions.

À l'origine du Pacte : valoriser l'initiative de la société civile

Le « Pacte du pouvoir du vivre » n'est pas tout à fait né en mars 2019. Il a été initié par les organisations issues d'un collectif, « Les Places de la République », que nous avions constitué à la suite de l'année 2015, marquée par l'attentat contre *Charlie Hebdo* et par ceux du 13-Novembre. Quinze organisations s'étaient rassemblées pour tenter de définir le vivre ensemble et de diffuser ce que nous appelions « une vision commune de la fraternité ». C'est donc tout naturellement que, pendant la crise des Gilets jaunes, nous nous sommes retrouvés pour chercher collectivement comment agir. L'idée d'une conférence écologique et sociale que la CFDT avait proposée en octobre 2018, dès les premières mobilisations, n'avait pas été retenue, et nous voulions peser dans le débat. Les responsables des Places de la République se sont réunis après l'annonce de l'organisation du Grand Débat, pour évoquer notre implication dans cette démarche salutaire (sur le principe) de démocratie participative et faire des propositions susceptibles d'être écoutées et reprises.

Nous avons travaillé ensemble sur chacun des sujets pour définir les soixante-six propositions du Pacte.

Elles ont eu un certain retentissement médiatique. Ensuite, nous avons consolidé notre alliance en travaillant à préciser certaines propositions, et à en formuler d'autres, notamment à l'occasion des élections européennes. Puis, après les annonces post-Grand Débat du président de la République et le discours de politique générale du Premier ministre en juin, nous avons mis en avant huit mesures qui auraient dû, selon nous, être annoncées[8]. Dans le même temps, nous avons travaillé ensemble sur une contribution au projet de loi de finances « pour un budget du pouvoir de vivre ».

8. Les huit mesures prioritaires que nous avons définies sont : 1. Lutter contre l'habitat indigne et les passoires énergétiques. 2. Évaluer toute nouvelle loi ou politique publique au regard de leur impact sur les 10 % les plus pauvres et dans la perspective du développement durable. 3. Revaloriser les minima sociaux et les faire évoluer au même rythme que les revenus du travail. 4. Un projet de loi de finance 2020 écologique et social. 5. Un projet de loi de finances solidaire pour plus de justice par une plus grande progressivité de l'impôt. 6. Permettre aux migrants qui se trouvent en France d'y déposer leur demande d'asile. 7. Une ambition budgétaire pour le grand âge et l'autonomie dans le projet de loi de finances de la Sécurité sociale 2020. 8. Systématiser la proposition d'accompagnement humain à l'exercice des droits et généraliser les Maisons de services au public. Voir la note du 17 juin 2019 intitulée « Les huit mesures d'urgence que le Premier ministre aurait dû annoncer… et qu'il doit mettre en œuvre », publiée par les organisations signataires du « Pacte du pouvoir de vivre » et qui détaille les moyens d'action de l'État (l'investissement, la fiscalité, la norme) et les mesures d'urgence en les rapportant aux propositions du Pacte.

À l'origine du Pacte, il y a cette idée de valoriser l'expertise de la société civile, d'être capable de proposer une vision partagée dans le cadre d'une démocratie sociale. C'est un enjeu démocratique en filigrane de toute l'action du Pacte : aujourd'hui plus que jamais, on a besoin de conjuguer des forces, de faire converger les initiatives, d'associer des gens qui parlent à partir de lieux différents.

Dans l'ensemble, les organisations signataires du Pacte ne sont pas des organisations « contestataires » par principe, mais plutôt des structures qui regardent la réalité en face, qui agissent et sont investies chacune dans son secteur spécifique : la Fondation Abbé-Pierre sur les questions de l'exclusion et du logement, la Fondation Nicolas-Hulot ou France Nature Environnement sur la défense de l'environnement, le Secours catholique ou ATD Quart-Monde en soutien aux populations en situation de grande pauvreté ou d'exclusion, la FAGE qui est le premier syndicat étudiant, la Ligue de l'enseignement qui œuvre pour l'éducation populaire tout comme le mouvement associatif, ou encore la Mutualité française… Impossible de toutes les citer ! Mais je veux vraiment ici rendre hommage à l'action quotidienne de leurs responsables, de leurs salariés, de leurs bénévoles… dans des conditions souvent très compliquées, plus encore pendant la crise sanitaire. Ce sont vraiment des organisations militantes. Elles font donc des propositions à partir des expériences conduites dans leur champ d'intervention.

En cela, le Pacte se distingue de rapports d'experts très approfondis qui sont pertinents et nécessaires par ailleurs, et apporte une approche complémentaire. Il n'en a donc pas moins d'impact, au contraire.

Le Pacte se renouvelle en permanence à partir de l'expertise commune des organisations qui la composent. Il contribue au débat public, mais pas seulement. Le « Pacte du pouvoir de vivre » est aussi le pacte du pouvoir d'agir.

Le Pacte : un levier de mobilisation de la société civile

Le Pacte n'est pas une addition de revendications qui n'auraient pas de lien les unes avec les autres. L'ensemble fait sens. Ce faisant, il porte une ambition, celle de construire un autre modèle de société et de proposer les moyens d'y parvenir.

Certains ont dit qu'il s'agissait d'un projet de gouvernement. Cela n'a rien à voir, même si le Pacte est porteur d'une vision de la société que je ne récuse pas. Mais aucune de nos organisations n'a vocation à gouverner. Le Pacte est, avant tout, une initiative des acteurs de la société civile, l'expression de leurs convictions et de leur engagement. C'est un levier de mobilisation autour de questions prioritaires pour l'avenir de notre société, les unes en lien avec les autres. L'accès à un logement digne et qui ne soit pas une passoire énergétique, l'accès aux services publics, aux droits fondamentaux pour tous, et notamment pour les migrants, sont des objectifs prioritaires que nous n'atteindrons que dans le cadre d'un meilleur partage des richesses ; celui-ci ne pourra s'obtenir que par une réforme de la fiscalité plus juste, solidaire et sociale. Tout est lié ! Développer les mobilités durables et sortir de la dépense aux énergies fossiles nécessite un accompagnement – y compris financier – pour les citoyens et pour la formation professionnelle des salariés des secteurs concernés. Toutes ces propositions se trouvent dans le « Pacte du pouvoir de vivre » et sont portées par toutes les organisations : c'est une richesse dont les décideurs auraient tort de se passer.

Depuis son lancement, nous sommes toutefois attentifs à ne pas faire du Pacte uniquement un moyen pour interpeller le gouvernement ou le président de la République. Il serait mortifère de s'installer dans un face-à-face au niveau national tant les lieux de décision, et donc les décideurs, sont multiples. Je parle des entreprises, mais également des territoires : les régions, les départements ou les villes. Très vite après son lancement, plusieurs organisations du Pacte se sont réunies localement pour en faire un outil de mobilisation sur leur territoire, être en capacité de prendre des initiatives qui aillent dans le sens du Pacte et d'interpeller les décideurs publics, dans les Hauts-de-France, les Pays de la Loire, en Bretagne – à Concarneau par exemple –, à Montpellier, à Marseille ou encore dans le Centre-Val de Loire, dans le Grand Est ou en Auvergne-Rhône-Alpes, à Lyon, Saint-Étienne et en Isère. Là encore, impossible de tous les citer ! Cela manifeste l'existence d'un vrai désir, de la part des militants et des bénévoles des organisations du Pacte, de faire ensemble.

Des organisations se retrouvent ainsi, plus nombreuses chaque jour, pour faire des propositions : c'est une force inestimable, qui va prendre toute sa place et se développer. Je crois que l'on n'a pas fini d'entendre parler de nos initiatives.

J'ai pu mesurer les dynamiques en place à l'occasion du tour de France du « Pacte du pouvoir de vivre » que nous avons organisé de novembre 2019 à mars 2020. Une dizaine de rassemblements à Bordeaux, Nancy, Nantes, Caen, Liévin… qui ont fait systématiquement salle comble. J'ai le souvenir de cette journée à Dijon, début janvier. J'ai été bluffé par le nombre de personnes et d'organisations présentes, y compris avec des stands pour que chacun puisse mieux se connaître. Idem à Villeurbanne, avec cinq cents personnes réunies ! Les débats, riches dans chaque ville, ont été un appui pour des actions communes ensuite, notamment dans le cadre des élections municipales. Cela démontre qu'un bel élan est pris. Et c'est extrêmement prometteur pour la suite. Dans quasiment toutes les régions aujourd'hui, il y a un collectif du « Pacte du pouvoir de vivre » territorial en activité. C'est un fonctionnement très décentralisé : chaque collectif se saisit des sujets sur lesquels il veut intervenir, ce qu'il pense devoir faire et la manière dont il veut le faire. Ce sont des fonctionnements de ce type qu'il faut construire et développer.

Le syndicalisme a besoin de ces nouvelles alliances. La société civile peut repolitiser le politique en y apportant des idées nouvelles. Il faut que l'on poursuive dans cette voie, que les gens se saisissent de sujets, les malaxent, les débattent, s'acculturent, avec en face pas seulement des slogans, mais des actions concrètes.

Chapitre 6

L'ENJEU EUROPÉEN

La crise que nous venons de traverser a illustré jusqu'à la caricature les faiblesses de l'Europe. Elle a aussi souligné à quel point elle était nécessaire.

Le premier temps a été celui des replis et des égoïsmes nationaux. Chacun a réagi comme si l'Europe n'existait pas, comme s'il était possible pour chaque État membre d'affronter une pandémie internationale avec des mesures strictement nationales. On a imaginé que la fermeture des frontières serait une protection suffisante. On a semblé donner raison aux dirigeants les plus antieuropéens, de Hongrie ou de Pologne. C'était illusoire : une vue de l'esprit doublée d'un mensonge.

Après cette première phase de réactions désordonnées, on a assisté à une prise de conscience de la nécessité de l'Europe : une Europe qui à la fois protège en mutualisant les risques, se tourne vers l'avenir et investit, notamment dans la transition écologique.

Le sentiment européen d'ailleurs ne se détériore pas autant qu'on le dit : les dernières élections européennes n'ont pas été un raz-de-marée anti-européen et, pour une partie de la société civile, l'Europe est chaque jour plus légitime. Certes, ce mouvement n'est pas aussi fort qu'on le souhaiterait, mais toutes les enquêtes montrent que l'appartenance à l'Europe n'est pas remise en cause, ni en France ni dans beaucoup d'autres pays. C'est probablement un effet inattendu du Brexit comme de l'attitude de Trump et de Poutine, mais c'est également une donnée de fond. On relève en réalité deux catégories d'Européens aujourd'hui. D'un côté, ceux qui considèrent que l'Europe n'est qu'un carcan qui empêche leurs aspirations nationales de se réaliser. De l'autre côté, ceux qui ont compris l'enjeu que représente l'Europe pour les questions écologiques, technologiques, démographiques, sociales, économiques. C'est pourquoi la véritable question à se poser n'est pas « Pour ou contre l'Europe ? », mais « Quelle Europe ? ». Là est le vrai combat. C'est une conviction ancienne autant pour la CFDT que pour moi. J'ai connu la période où il fallait défendre l'Europe coûte que coûte en tant que telle. Ce que demande la période actuelle, c'est d'être un peu plus exigeant sur ce qu'on cherche à construire avec l'Europe.

La majorité des Européens ont conscience désormais qu'il vaut mieux être ensemble que chacun de son côté. Être ensemble, oui, mais pour quoi faire ? Avec quelle conception du progrès ? de la société ? Comment affirmer la place de l'Europe dans le monde avec son modèle social ? Comment faire face aux transformations en cours, dans le cadre d'une économie sociale de marché, mondiale, en préservant ce modèle, respectueux des femmes et des hommes ?

Les vingt principes du socle européen des droits sociaux[1] adoptés par l'Union européenne en 2017 – qui comprennent l'égalité des chances, le droit à un juste salaire, le droit à l'éducation, le droit à la formation et à l'apprentissage tout au long de la vie – me semblent constituer un socle de valeurs communes. Leur mise en œuvre nous donne des objectifs exigeants. N'oublions pas que beaucoup de pays dans le monde, comme le Brésil, les États-Unis ou la Chine, sont très en retard par rapport à l'Europe sur les questions du droit du travail et du respect des travailleurs, de l'égalité entre femmes et hommes, de la lutte contre les discriminations. Sur ces questions aussi, rien n'est gagné d'avance.

Promesses et déceptions de l'Europe

Avant d'être une réalité économique, l'Europe est une vision, une ambition unique et sans précédent dans l'histoire. Elle est pour l'ensemble de ses habitants une promesse, une magnifique promesse, qu'il faudrait tenir malgré les crises et les difficultés.

1. https://ec.europa.eu/commission/priorities/deeper-and-fairer-economic-and-monetary-union/european-pillar-social-rights/european-pillar-social-rights-20-principles_fr.

La mémoire de l'abomination des deux conflits mondiaux est toujours vive chez nous. L'Europe, c'est d'abord cette incroyable promesse de paix : s'unir pour éviter le retour de tels conflits et devoir revivre ces tragédies. Là encore, rien n'est jamais gagné d'avance.

La deuxième promesse essentielle de l'Europe est de préserver les valeurs démocratiques, en protégeant les libertés publiques et en garantissant un modèle social dans un monde de plus en plus incertain.

L'Europe ne serait plus elle-même si elle devait renoncer à ses valeurs. Elle a pour principe le respect des droits humains fondamentaux, et nous devons être intransigeants dans notre opposition au racisme, à l'antisémitisme, au sexisme et aux LGBT phobies. Il peut arriver malheureusement que l'opinion publique manque de fermeté sur ces questions. Mais nous, nous devons rester fidèles à nos valeurs. L'un des défis majeurs est la question des migrants : comment les traiter dignement et correctement ? Quelle politique européenne d'accueil construire ? Peut-on tolérer encore longtemps ce qui se passe porte de la Chapelle, à Paris ? ou les naufrages en Méditerranée ? La réponse est évidemment non !

Que ce soit au niveau européen ou au niveau plus local des entreprises et administrations, nous ne devons jamais oublier la hiérarchie des problèmes. Dans une entreprise, je ne mets pas sur le même plan un conflit sur le niveau de revalorisation salariale et un conflit dans lequel les besoins élémentaires de l'être humain sont en jeu. Les valeurs sont pour moi intangibles. Quand quelque chose d'important se passe, ma première analyse s'appuie sur mes valeurs, la deuxième, sur mes principes, la troisième, sur mes ambitions ; dans cet ordre-là, que je n'inverse jamais. Je crois que ce triptyque valeurs/principes/ambitions est la base de toute construction collective. Et c'est vrai pour l'Europe. Sur quelles valeurs repose notre union ? Sur quels principes doit-elle fonctionner et évoluer ? Quelles ambitions communes portons-nous et que faisons-nous pour les atteindre ?

L'ambition de l'Union européenne est immense. Mais la réalité n'est pas systématiquement à la hauteur de ses promesses et les citoyens européens ne s'y retrouvent pas toujours.

La première faiblesse de l'Europe est démocratique. Elle est aujourd'hui menacée par les poussées autoritaristes de certains gouvernements qui, au nom d'une « démocratie illibérale », critiquent les libertés, l'état de droit, la séparation des pouvoirs, principes auxquels l'Europe est fondamentalement attachée. Ces dirigeants, qui se disent les uniques représentants du peuple, écartent toute autre légitimité représentative. Ce sont les mêmes qui entretiennent les sentiments antieuropéens au sein de leurs pays, comme en Pologne ou en Hongrie…

La deuxième crise de l'Europe est celle de la représentation des peuples. Les citoyens ont aujourd'hui l'impression que leur vote ne leur permet pas de peser sur le destin de l'Europe. Malgré les élections européennes, le mode de composition de la commission (un commissaire par État ?) et ce sentiment que les chefs d'État préfèrent négocier entre eux plutôt que de s'appuyer sur le vote des citoyens émaillent le sentiment européen. À cela s'ajoute une incapacité des médias à mettre en avant les sujets européens et les travaux du Parlement. C'est aussi à cause de ce type de conduite que les citoyens se désintéressent de la construction européenne. Renouveler la démocratie, faire enfin de l'Europe un espace dont les citoyens se sentent partie prenante est aujourd'hui un enjeu majeur.

La question de la cohésion sociale et territoriale est un autre grand défi auquel l'Europe répond mal. Les politiques économiques menées en Grèce ou en Espagne ont creusé les écarts de niveau de vie et de protection sociale dans ces pays par rapport au reste de la zone euro, provoquant la montée d'un sentiment antieuropéen dans des opinions publiques qui jusque-là étaient très largement favorables à l'intégration européenne. Dans tous les pays européens, les inégalités sociales alimentent les populismes eurosceptiques et menacent la démocratie. Les inégalités territoriales sont considérables et augmentent avec le vieillissement de la population. Aujourd'hui, des habitants d'un certain nombre de pays de l'Est émigrent vers l'Europe de l'Ouest. En 2019, un quart de la population roumaine âgée de vingt-cinq à quarante ans avait quitté son pays pour trouver du travail ailleurs en Europe[2]. Les Brexiteurs ont stigmatisé les nombreux travailleurs polonais qui avaient trouvé du travail au Royaume-Uni. Mais les travailleurs d'Europe du Sud sont dans une situation comparable. Devant le chômage qui frappe les jeunes en Espagne, de nombreux jeunes diplômés de ce pays sont partis travailler en Allemagne, et l'espoir d'un retour au pays tarde à se concrétiser. Le développement des technologies numériques ainsi que les mutations liées à la transition écologique vont encore bouleverser la géographie de l'emploi et les déplacements de travailleurs en Europe. Il faut s'y préparer.

Les travailleurs français savent qu'un marché européen est essentiel pour l'existence d'un grand nombre d'activités. Si l'Europe se désintégrait, on ne pèserait plus rien. Dans des secteurs comme l'automobile, l'aéronautique, la banque-assurance, les entreprises raisonnent au niveau mondial. Sans le marché unique européen, les entreprises de l'Union européenne ne résisteraient pas face à celles des géants chinois ou nord-américains. Beaucoup de nos emplois sont

2. Entretien avec le sociologue Mircea Kivu, *Ouest-France*, 1er janvier 2019.

dépendants du marché européen et de nos échanges internationaux. Mais nous avons également besoin de protections collectives ; sans cela, nous serions soumis au bon vouloir de quelques grandes entreprises qui nous considéreraient à juste titre comme des nains. Les géants de l'industrie de l'habillement imposent leurs règles à des pays comme le Bangladesh, ceux du e-commerce voudraient bien marginaliser le commerce de proximité.

La grande peur de beaucoup de citoyens aujourd'hui est que l'Europe ne tienne pas ses promesses sociales. Ils ont le sentiment qu'elle n'est qu'un « truc de technocrates » qui ne les protège plus.

a) Mettre en place un dispositif européen d'assurance chômage

Il est temps de mettre en place un système d'assurance chômage européen. L'objectif serait de garantir le fonctionnement des systèmes nationaux quand ceux-ci sont confrontés à une forte augmentation du chômage sans les obliger à revoir leurs règles d'indemnisation (montant, durée, ouverture de droits) pour rétablir l'équilibre. On renforcerait le rôle de stabilisateur économique de l'assurance chômage, et on l'étendrait au niveau européen. C'est ce qu'on a fait, à titre exceptionnel, pour favoriser le chômage partiel lors de la crise liée au Covid-19, avec le dispositif

SURE[3]. Mais d'autres crises surviendront, et nous avons besoin d'un dispositif préventif pérenne.

Ce dispositif européen pérenne n'aura pas pour but de se substituer aux dispositifs nationaux – très différents d'un pays à l'autre – et de les faire disparaître, mais au contraire de les compléter. Sa mise en place s'accompagnera de certaines règles, au premier rang desquelles l'existence d'un système d'assurance chômage clairement financé dans chaque pays. Les politiques que l'Europe met en place ne doivent pas exonérer les États nationaux de conduire leurs propres politiques. Sinon, on irait à la catastrophe.

b) Un plan de relance européen pour les jeunes

Aujourd'hui, la Confédération européenne des syndicats demande un plan de relance européen qui intègre le Green Deal, le salaire minimum, la mise en œuvre du socle européen des droits sociaux, qui permette de mieux contrôler le respect de la loi et de lutter contre le dumping social. Le plan de relance doit intégrer des mesures de soutien aux jeunes dans le domaine du

3. SURE (Support to mitigate Unemployment Risks in an Emergency – soutien pour atténuer les risques de chômage en situation d'urgence) est un dispositif de prêt mutualisé aux États membres de l'Union européennne, pour une enveloppe de 100 milliards d'euros, afin de les aider à financer des systèmes de chômage partiel dans le cadre de la crise liée au Covid-19.

développement des compétences, ainsi que des mesures de protection contre les risques de chômage et d'exclusion qui pèsent sur eux. Dans certains pays de l'Union européenne, plus de 20 % des jeunes sont sortis de l'enseignement, mais ne sont ni en emploi ni en formation (les NEET[4] en jargon européen). L'Europe n'aura un avenir que si elle intègre sa jeunesse.

c) Harmoniser la fiscalité européenne

La question de la fiscalité est cruciale pour la construction européenne. Si l'on n'harmonise pas progressivement au sein de l'Europe la fiscalité des entreprises et celle du travail, des écarts forts entre pays vont se creuser, qui perturberont le fonctionnement de l'Europe. La liberté de circulation dans l'Union européenne permet aux entreprises de jouer sur les écarts de fiscalité pour échapper aux impôts, tandis que la faiblesse des salaires dans certains pays favorise le départ des travailleurs vers ceux où ils sont mieux payés. Sans harmonisation fiscale, on ne pourra pas créer du commun, se mobiliser ensemble.

Nous demandons également que soit instaurée une taxe sur les transactions financières, ainsi que sur les entreprises du numérique, au niveau européen. Par ailleurs, si l'on veut atteindre la neutralité carbone en

4. Not in Education, Employment or Training.

2050, il faudra en augmenter le coût. Pour éviter des distorsions entre pays européens et avec les autres pays du monde, il faudra harmoniser la fiscalité carbone de l'Europe en interne, et instaurer un ajustement aux frontières de l'Union européenne.

La lutte contre les paradis fiscaux est un autre chantier majeur du projet européen. Cependant, sur cette question, nous sommes bloqués par les règles de l'unanimité ; je ne vois pas des pays comme les Pays-Bas, Malte ou Chypre voter une harmonisation de la fiscalité sur le capital ou les placements alors qu'ils profitent de bas niveaux d'imposition pour attirer des capitaux. L'utilisation des « clauses passerelles », qui existent dans les traités, permettrait de sortir de la règle de l'unanimité des États membres. J'y suis favorable, à une seule condition cependant : l'absence de régression sociale car il ne doit pas être utilisé pour amoindrir certains droits.

d) Développer la politique agricole commune

Ce qui est en jeu aujourd'hui avec l'agriculture européenne, c'est la relocalisation d'un certain nombre de productions agricoles sur le territoire et la capacité de l'Europe à assurer les besoins alimentaires essentiels de sa population. Importer du soja du Brésil ou de l'huile de palme d'Indonésie, cultures qui contribuent à la déforestation, est très mauvais au niveau du bilan carbone. Pour cela, il nous faut également accepter de transformer notre modèle agricole. Il faut revoir les modes d'alimentation animale en s'appuyant sur des productions européennes et favoriser les circuits courts, sans doute aussi adopter une alimentation moins carnée et de meilleure qualité. Pour réussir cette transformation, il faudra mettre en place un accompagnement très important des agriculteurs. La réduction de l'utilisation des pesticides, la réorientation de l'élevage vers des modèles moins intensifs, tout cela suppose des efforts techniques et économiques. La FNSEA a d'ores et déjà compris la nécessité de cette transformation, mais, devant la perspective des changements nécessaires, elle avance le pied sur le frein. Cette transformation ne sera pas facile à faire. Elle implique une nouvelle forme de partage de la richesse au sein du monde agricole, avec la redistribution des aides de la PAC vers les productions les plus respectueuses de l'environnement et les plus créatrices d'emploi.

e) Développer l'Europe digitale

Dans le domaine du numérique, je ne suis pas sûr que nous ayons beaucoup progressé. Certes, l'Europe a su anticiper sur cette question, notamment sur la protection des données avec le RGPD[5], mais il faudrait une politique européenne des données pour gérer

5. Règlement général pour la protection des données personnelles.

ensemble nos data. Là aussi, on fait face à un vrai enjeu. L'Europe ne peut être dépendante de centres de stockage de données situés aux États-Unis ou en Chine. On a besoin de « clouds » européens. Les données sont la richesse de nouvelles formes d'économie. Elles irriguent les entreprises et la société. Il faut pouvoir réguler leur utilisation, trouver le moyen d'imposer les bénéfices qu'elles rapportent, pas uniquement aux GAFA. Demain, beaucoup d'entreprises exploiteront cette richesse.

Par ailleurs, l'Europe protège : le cadrage du télétravail dans différents pays, notamment en France, est issu d'un accord européen de 2002, qui en encadre les modalités. Depuis, les choses ont beaucoup évolué et, avec la crise liée au Covid-19, le télétravail a explosé. Il faut reprendre les discussions sur cet accord pour en évaluer l'application et voir ce qu'il faut améliorer. On s'est aperçu que le télétravail pouvait avoir un impact négatif sur la conciliation entre vie privée et vie professionnelle. De nouveaux droits, comme le droit à la déconnexion, doivent se développer. Si nous ne mettons pas ce point plus en avant, nous allons à la rencontre de sérieux problèmes. L'Europe doit donc avoir un rôle plus important encore sur l'encadrement du télétravail.

f) Protéger le marché européen dans la mondialisation

L'Europe doit rester un marché ouvert et régulé, mais elle doit être aussi extrêmement exigeante à ses frontières et sortir de sa naïveté. L'Europe s'est parfois fixé des règles internes dont elle n'exigeait pas le respect par ses partenaires commerciaux non européens. Une application trop stricte des règles de la concurrence a parfois entravé la constitution d'un groupe européen capable de devenir leader du marché mondial. La réciprocité, notamment dans l'ouverture aux marchés publics, n'est pas toujours au rendez-vous. Il ne faut pas être naïf : décarboner l'économie européenne, cela veut dire créer une taxe carbone à nos frontières. Les autres pays n'hésitent pas à agir pour se protéger, parfois même avec une certaine brutalité et un certain cynisme. Trump, dès qu'il n'est pas satisfait des échanges avec ses partenaires commerciaux, instaure – ou menace de le faire – une taxe douanière sur un produit particulier pour lequel il sait que les États-Unis sont un client important pour ses partenaires commerciaux. Il le fait avec une vision régressive du monde. Sans entrer dans une telle compétition, l'Europe doit, sur la base de ses valeurs de progrès, poser des règles exigeantes à l'égard de ses partenaires. Ce qu'elle ne peut faire que si elle parle d'une même voix.

Après la crise sanitaire, l'urgence est de relancer l'activité dans la bonne direction. Une des premières mesures serait d'envisager la possibilité que la dette liée à la transition vers une économie durablc sur les plans social et environnemental devienne perpétuelle, ou que le terme de son remboursement soit très long. Si la dette ne peut être perpétuelle, il faut au moins que le début de son remboursement soit le plus tardif possible. Il faut également construire la solidarité et la mutualisation des dettes qui ont été contractées. On a tous emprunté, on doit se réassurer ensemble. La mutualisation des dettes permet, en empruntant au niveau de l'Union européenne, de bénéficier de taux d'intérêt plus bas pour tous, grâce à la garantie européenne. Alors que si chaque pays emprunte séparément, certains se voient imposer des taux sensiblement plus élevés, ce qui rend d'autant plus difficile l'assainissement de leurs comptes.

L'Union européenne a tiré des leçons des erreurs commises dans la gestion de la crise des dettes souveraines. Dans la crise du printemps 2020, malgré quelques hésitations au début, elle a réagi plus vite et mieux. Des mesures d'urgence ont été prises pour aider les entreprises et les travailleurs, notamment le dispositif de soutien au chômage partiel SURE. Cette crise a montré qu'il fallait développer les capacités financières propres de l'Union européenne pour qu'elle continue de développer des logiques de solidarité pour les travailleurs les plus touchés : soutien aux chômeurs, lutte contre la pauvreté, insertion des jeunes. En ce qui concerne les dispositifs de soutien aux entreprises, la CES demande une conditionnalité en termes de mise en œuvre des règles sociales. Avec notamment le développement du dialogue social, à tous les niveaux (national, européen, sectoriel), mais particulièrement dans les pays d'Europe centrale et orientale où il a beaucoup de mal à se développer.

g) Le chantier du Green Deal

De tous les chantiers qui permettront de relancer la construction européenne, celui de la transition écologique est pour moi l'un des plus importants. La crise que l'on vient de traverser est une opportunité qu'il faut saisir pour investir massivement dans la transition écologique. Or je crains que cela ne se réalise de manière parcimonieuse et dispersée, alors qu'il faut le faire de façon massive et coordonnée. Le plan prévoit 1 000 milliards d'euros d'investissements dans les filières de production. Il s'agit de faire évoluer certaines productions vers des modes plus propres, en accompagnant les travailleurs dans l'évolution de leurs emplois et de leurs compétences.

Certains disent déjà que la transition écologique nous handicapera face à la concurrence internationale. À l'inverse, on voit que beaucoup d'entreprises ont pris la décision de s'inscrire dans la transition écologique, dont celles avec lesquelles Luca Visentini (secrétaire général de la Confédération européenne des syndicats) et moi avons signé une tribune[6].

Beaucoup d'acteurs patronaux ont compris qu'il y avait là pour eux un enjeu économique important et qu'ils avaient intérêt à s'engager dans cette voie. Cela n'empêche pas certaines entreprises de pratiquer le greenwashing, bankable pour les marques. Cela démontre la nécessité de mettre en place des contrôles et des critères afin de s'assurer qu'il s'agit bien d'une démarche écologique et non de surface. Pour certaines entreprises, cela peut être une question de débouchés ; elles doivent s'adapter à leur environnement et à leur marché. N'oublions pas que, avant comme après la crise du coronavirus, l'attente écologique est extrêmement forte, notamment parmi les jeunes. Je suis persuadé, par exemple, que demain leur rapport à la voiture n'aura plus rien à voir avec ce qu'il est pour notre génération.

La transition écologique est également une vraie opportunité de création d'emploi, avec la transformation du modèle productif et la naissance de nouvelles filières industrielles. C'est ce que nous avons raté avec le photovoltaïque et que nous pourrions réussir avec la batterie électrique. Pour le photovoltaïque, l'Europe avait tergiversé alors qu'il fallait prendre des décisions. La Chine a été plus rapide que nous et nous a

6. www.cfdt.fr/portail/actualites/international/europe/plan-de-relance-europeen-la-ces-met-la-pression-sur-le-conseil-srv1_1124128.

envahis avec ses panneaux photovoltaïques qui posent aujourd'hui des problèmes de retraitement. L'Europe a mieux réagi sur la question de la batterie : elle a ainsi pris le leadership de l'expertise sur la pile à combustible, qui est une pièce centrale du développement de la filière des véhicules à hydrogène. C'est encore loin d'être gagné pour la batterie, mais au moins nous sommes en bonne voie pour disposer en Europe de notre propre capacité de production. Et, dans cette filière, la France elle-même est bien positionnée.

Bien sûr, dans cet engagement des entreprises européennes dans le Green Deal, il y aura des avancées, des reculs, avec de vraies contradictions. Des entreprises auront envie de freiner, d'autres d'aller de l'avant, mais je n'ai pas de doute sur le sens du mouvement.

Une nouvelle méthode pour faire avancer l'Europe

Je crois qu'un des gros problèmes de l'Europe, c'est qu'elle n'est pas capable de valoriser ses avancées. Elle donne toujours le sentiment d'être sur la défensive, alors même qu'elle fait des progrès. On ne parle pas assez des dispositifs innovants créés par l'Europe, comme la protection contre les risques chimiques ou la Garantie jeunes, dont les apports pour la population sont bien réels. L'Europe protège déjà, elle n'est pas un espace dépourvu de solidarité.

Prenons l'exemple de la directive sur les travailleurs détachés. Celle-ci a été considérablement améliorée. Aujourd'hui, nous pouvons lutter contre ceux qui exploitent les travailleurs en les détachant. Les moyens de l'Inspection du travail ont été renforcés pour le faire et, du point de vue du droit, nous disposons de tout un arsenal de mesures pour agir. Sur cette question, nous avons donc beaucoup progressé à l'échelon européen et, en déclinaison, sur le plan national. On a bien vu le changement entre les deux élections européennes. Il y a cinq ans, on ne pouvait pas faire un déplacement sans qu'il en soit question. En 2019, on en a peu parlé parce que la situation a progressé.

Autre exemple : le programme Erasmus. Un vrai identifiant pour l'Europe ! Certes, il n'a concerné que la jeunesse la plus favorisée. Mais ce dispositif européen très performant a montré que l'Europe savait mettre en place des opérations efficaces et, de plus, qui développent un sentiment européen chez les jeunes. Pourquoi ne serait-on pas capable de donner le même poids, la même ampleur, la même visibilité à d'autres dispositifs ? Je pense en particulier à la Garantie jeunes. Combien de jeunes gens qui en bénéficient savent que c'est l'Europe qui l'a inventée ? Ce dispositif permet d'avoir un accompagnement renforcé quand on n'est pas ou peu qualifié, et également une allocation pour faire face aux besoins immédiats. Lorsque l'État français dit : « On va l'expérimenter dans un premier temps, puis la généraliser », il met en œuvre, y compris avec des financements européens, une action européenne. Décidément, les citoyens, et les travailleurs en particulier, ne voient pas assez les réalisations de l'Europe.

Pour que l'Europe vienne à bout de tous les chantiers qui l'attendent, il faudra qu'elle change de méthode, car jusqu'ici nous avons trop souvent piétiné et manqué d'efficacité.

Puisque les vingt-sept pays de l'Union européenne ne peuvent ou ne veulent pas tous avancer du même pas, il faudra mettre en place des politiques coordonnées entre les pays qui veulent progresser autour de chantiers définis ensemble. On pourrait commencer par la zone euro, qui regroupe les États membres de l'Union européenne ayant adopté l'euro comme monnaie. Sur les vingt-sept États membres, dix-neuf utilisent l'euro. La zone euro, c'est donc d'abord un espace monétaire. Elle pourrait devenir un espace social, à condition que les pays concernés se mettent d'accord autour d'une politique commune du travail et du dialogue social. Ne faudrait-il pas même nommer un ministre européen du Travail pour remettre la question du travailleur au cœur de l'agenda européen ? Il sera peut-être plus facile de développer des politiques sociales, comme l'assurance chômage européenne par exemple, au sein d'une entité dotée d'une monnaie unique. Certains objecteront que développer ces politiques dans la zone euro revient à créer une Europe à plusieurs vitesses. Mais ne vaut-il pas mieux avancer à quelques-uns dans un premier temps, pour donner aux autres l'envie d'aller de l'avant, plutôt que d'être immobiles à vingt-sept ?

Sur le plan social, en termes de politique coordonnée, l'Europe avance déjà. On n'a pas assez prêté attention à la création de l'Agence européenne du travail, qui a son siège à Bratislava. Elle a pour vocation de lutter contre les fraudes, les abus, le dumping social, en liaison avec les administrations nationales du travail. Il s'agit d'une sorte d'Inspection du travail sous l'autorité de l'Europe, un bon signal, me semble-t-il, comme peut l'être aussi la remise au centre des débats de la question fondamentale du salaire minimum dans le sens d'une Europe protectrice.

L'Europe syndicale, un modèle pour la construction européenne

Je crois qu'il faut que le syndicalisme réfléchisse à la façon de conjuguer l'action à Bruxelles, qui est faite de rencontres, de négociations et de la construction de consensus, avec notre capacité à nouer de nouvelles alliances et à rassembler divers acteurs pour atteindre des objectifs communs ou pour construire des accords. Comme le patronat européen, à propos de la négociation de l'accord sur le numérique en Europe, récemment signé, qui traite des enjeux des transformations numériques et de ce que cela implique sur l'évolution des emplois, les besoins de mises à jour des compétences pour les travailleurs et les modalités de connexion et de déconnexion. Nous pourrions aussi avancer au niveau européen l'idée du « Pacte du pouvoir de vivre » que nous avons engagé en France. Nous ne voulons pas que le syndicalisme européen fasse son lobbying dans son coin. L'enjeu aujourd'hui est de rassembler l'ensemble de la société civile pour dessiner, collectivement, l'Europe que nous voulons. Mais faire sortir chacun de ses habitudes n'est pas chose aisée.

Le Conseil économique, social et environnemental européen, deuxième assemblée européenne, joue un rôle semblable à celui du CESE en France et se veut la voix de la société civile européenne. C'est bien sympathique, mais le problème est maintenant de passer des avis et rapports qu'il émet à leur mise en œuvre. Il faut que les responsables syndicaux nationaux soient davantage impliqués au niveau européen et interpellent leurs dirigeants dans leurs pays respectifs sur la question européenne. De notre côté, à la CFDT, nous interpellons souvent nos dirigeants sur la question nationale, mais trop rarement sur les questions européennes. Or qui sont les dirigeants de l'Europe sinon les dirigeants nationaux ?

Comme évoqué précédement, la situation de beaucoup de travailleurs dépend de la capacité de l'Union européenne à construire des géants industriels européens comme Airbus, ou demain dans la filière de la batterie. Cela exige d'adapter l'action syndicale à la taille de ces groupes. Les liaisons au sein de l'Europe peuvent être parfois difficiles. Lorsqu'une entreprise, implantée sur des sites dispersés, se restructure ou fait des investissements dans une nouvelle chaîne de production génératrice d'emploi et d'activité, cela crée souvent des conflits vifs entre les différents sites au sein d'un même pays. On imagine des conflits particulièrement complexes lorsqu'il s'agit d'un groupe dont les implantations couvrent tout le territoire européen. C'est la raison pour laquelle nous nous coordonnons sur le plan syndical par secteurs avec les fédérations syndicales européennes comme IndustriAll, la plus grande fédération, qui propose une politique coordonnée pour l'industrie, et à l'échelon des entreprises dans le cadre des comités de groupe européens et des comités d'entreprise européens.

Deux types de problèmes se posent cependant pour parvenir à cette Europe sociale : des problèmes de méthodes et des problèmes de fond. Concernant les problèmes de méthode, la question est de savoir ce qui doit passer par la loi et ce qui relève du contrat. Les cultures syndicales, la pratique des négociations collectives, les différentes modalités d'évolution du droit social sont très diverses selon les pays. Prenons l'exemple du salaire minimum. Tout le monde est d'accord pour qu'il y ait un salaire minimum dans tous les pays européens, mais comment le fixer ? Par contrat collectif ou par la loi ? Les Nordiques sont opposés ou réticents à ce que la loi fixe le salaire minimum, ils préconisent le contrat, la négociation collective. Cela correspond à leur manière de faire, c'est un pilier de leur modèle. Dans d'autres pays comme la France, l'Espagne ou le Portugal, la loi joue un rôle majeur, que vient compléter la négociation collective. Si cela ne passe pas par la loi, cela n'existera pas. Enfin, dans certains pays d'Europe centrale et orientale où le dialogue social reste très limité – sinon inexistant –, c'est par la loi que le salaire minimum est fixé. Si l'on veut un salaire minimum pour l'ensemble des travailleurs européens, il faudra alors contraindre les États à le mettre en place.

Les questions de fond pour parvenir à une Europe sociale ne sont pas moins complexes. Faut-il aller vers des convergences des conditions de travail en se fixant des objectifs communs à atteindre ou vers une harmonisation *stricto sensu* à un instant T avec des textes contraignants ? On prend souvent l'exemple d'une Volvo ou d'une voiture allemande, construite en Roumanie ou en République tchèque. Il paraît *a priori* équitable de donner le même salaire à tous les ouvriers européens. Mais si l'on exige le même salaire pour l'ouvrier roumain ou tchèque que celui de l'ouvrier suédois ou allemand, la voiture ne se fabriquera plus en Roumanie. Et l'ouvrier roumain n'aura plus de salaire du tout. Parfois, il faut aller au-delà des slogans.

À la Confédération européenne des syndicats (CES), nous sommes d'abord des Européens, et des Européens très exigeants. La CES, que je préside depuis le congrès de Vienne en mai 2019, ne concerne pas uniquement les pays de l'Union européenne ; des organisations turques, par exemple, y sont affiliées. Elle est constituée de quatre-vingts-neuf organisations membres, en provenance de trente-huit pays européens, ainsi que de dix fédérations syndicales européennes, soit plus de quarante-cinq millions de membres regroupant la totalité des organisations représentatives des pays européens[7]. Il y a à la CES aussi bien les organisations syndicales de la vieille Europe – d'Espagne, d'Italie, de France, de Belgique, d'Allemagne, des pays nordiques, du Royaume-Uni, etc. – que celles des pays d'Europe centrale et orientale, qui ont aussi besoin du soutien de la CES.

Le syndicalisme, un peu partout en Europe, perd des membres, on ne peut l'ignorer, et la syndicalisation est pour nous un défi. Un peu comme en France, on ne fera pas l'économie de la réflexion sur ces problèmes à l'intérieur du syndicalisme. Il nous faut créer chez nos adhérents un sentiment d'appartenance à la CES, aider nos affiliés.

C'est une vraie confédération, pas une simple coordination. La CES anime la réflexion, met en place des

7. www.etuc.org/fr/organisation-et-personnel.

instances de travail, des comités sur des questions spécifiques comme la négociation collective, la transition écologique, la discrimination, ou bien des comités permanents comme le comité femmes, le comité jeunes.

La CES est reconnue comme l'interlocuteur syndical dans toutes les phases du dialogue social, des négociations avec le patronat. Elle mène des concertations, fait du lobbying et porte la parole des travailleurs auprès de la Commission et auprès des parlementaires. Nous tentons de porter des revendications qui vont s'ancrer dans le réel des travailleurs un peu partout en Europe, et nous essayons de montrer qu'on peut gérer des situations professionnelles, mais aussi territoriales, particulières. L'une des revendications emblématiques, qu'on espère voir aboutir bientôt, est celle du salaire minimum européen.

La CES joue un rôle essentiel dans le fonctionnement de l'Union européenne. Notre enjeu est de peser sur les décisions que prend l'Europe et de donner corps et consistance à sa dimension sociale, comme on l'a vu sur la question des travailleurs détachés. Nous nous organisons pour agir dans ce sens, mais il faut dire que certaines périodes sont plus favorables que d'autres. Quand Jacques Delors était président de la Commission européenne, les relations entre les organisations syndicales de travailleurs et patronales et la Commission étaient plus aisées qu'avec José Manuel Barroso. Avec ce dernier, nous avons connu dix années de traversée du désert pendant lesquelles le mot « social » était quasiment banni de l'agenda européen. La situation s'est améliorée avec Jean-Claude Juncker et la proclamation du socle européen des droits sociaux. Nous allons poursuivre dans cette direction avec Ursula von der Leyen, la nouvelle présidente de la Commission européenne.

Au niveau syndical, il n'y a pas d'Europe à plusieurs vitesses. Au sein de la CES, tout le monde est fortement attaché à l'idée d'Union européenne, et l'on n'entend pas s'y exprimer de sentiments antieuropéens. Si l'on posait la question aux organisations syndicales affiliées à la CES de savoir s'ils sont européens, la réponse serait oui, sans problème. Si l'on demandait en plus s'il faut développer l'action de l'Europe, faire converger les politiques, accentuer la dimension sociale, tout le monde dirait oui. Je pense que la CES est repartie sur de bonnes bases depuis quatre ou cinq ans, notamment avec Luca Visentini, mais elle fait face à un défi considérable en raison des conservatismes, des traditions, des pratiques sociales hétérogènes et des inquiétudes, très présentes aussi chez les syndicalistes. Beaucoup de nos homologues sont réticents à la nécessité d'une transition vers une économie plus verte.

Sur le plan syndical, les Français sont incontournables en Europe parce que, économiquement et politiquement, la France est incontournable. Mais, au regard des autres pays, nous pesons trop faiblement dans le syndicalisme pour une raison principale : la désunion syndicale. Au sein de la CES, toutes les organisations syndicales françaises ne sont pas représentées. On trouve la CFDT, la CGT, FO, la CTFC et l'UNSA, avec qui nous constituons une délégation commune. La division du syndicalisme français ne cesse d'étonner nos partenaires européens : nous sommes des ovnis dans le paysage syndical européen. Notre situation n'existe nulle part ailleurs ! Lorsque l'on fait un sommet franco-allemand du syndicalisme, les Allemands sont représentés par Reiner Hoffmann du DGB, qui doit rencontrer ses cinq collègues français. Pour l'élection à la présidence de la CES au printemps 2019, ce sont les Allemands, les Italiens, les Belges, les Nordiques qui sont venus me solliciter. Au Congrès, tout le monde a voté pour moi. Sauf quelques Français ! Les autres disent : « Ah ! Les Français ! »

Avec ce mandat, je rencontre toutefois ce qui fait la grandeur du syndicalisme : des valeurs, des revendications pour un monde plus juste, de la responsabilité et de la fraternité.

Chapitre 7
REPENSER LA DÉMOCRATIE

Les relations avec le gouvernement Philippe ces trois dernières années ont été très paradoxales. En apparence, elles pouvaient paraître extrêmement faciles, les demandes de rendez-vous étant immédiatement satisfaites. Là-dessus, nous n'avons pas eu à nous plaindre, contrairement à d'autres camarades européens. C'est après que cela se gâtait ! Voilà, en bref, la façon dont cela se passait. Vous avez rendez-vous à neuf heures et demie. La discussion s'engage, nos interlocuteurs sont civils, sympathiques. Dès le début de la réunion, ils nous disent : « Voilà, on va faire ça et ça sur tel et tel sujet. » On leur répond : « Là-dessus, ce n'est pas possible ; là-dessus, il faut faire autrement. On propose plutôt ceci ou cela. » La discussion est toujours très correcte, très affable et peut durer. Nous avons le temps de présenter notre argumentation. Arrive la fin de la réunion, le moment de conclure : « Voilà, nous disent-ils, nous allons donc faire ça, ça et ça. » Et c'est la même chose qu'à neuf heures et demie ! C'est une manière de faire assez perturbante.

Il est même arrivé que certains de nos interlocuteurs n'aient pas le pouvoir de décider ; même des ministres ! Ils attendaient de savoir si, ensuite, le chef était d'accord, si les arbitrages seraient en leur faveur. Il est arrivé qu'on nous dise : « Attendez, il faut que j'en réfère plus haut pour vous répondre. » Et là, je ne peux m'empêcher de penser : « C'est regrettable, il ou elle est quand même ministre ! » Parfois, on se dit que ce pays est gouverné par très peu de personnes, et pas forcément les ministres. Ce n'est pas ainsi que peut se construire un dialogue démocratique entre le pouvoir et les syndicats.

La crise nous a rappelé, s'il en était besoin, l'importance de la démocratie. Certains régimes assez autoritaires, comme la Corée du Sud, voire totalitaires, comme la Chine, ont profité de l'occasion pour vanter leur efficacité contre l'épidémie. Mais les démocraties comme la France ont montré que, globalement, elles n'étaient pas moins efficaces. Les citoyens ont fait preuve de civisme. La société a accepté et suivi les mesures de confinement, alors même que les gouvernants se perdaient en déclarations contradictoires sur les masques et les tests.

La démocratie, c'est la prise en compte des conflits qui traversent la société entre des logiques et des intérêts contradictoires. C'est la capacité à organiser la confrontation de ces intérêts contradictoires dans un cadre pacifique, pour faire émerger soit une décision majoritaire, soit un compromis. L'erreur est de croire que l'issue de cette confrontation doit être l'écrasement du point de vue minoritaire par le point de vue le plus fort. Pour se projeter dans un monde chaque jour plus incertain, il faut au contraire allier les forces et non les réduire. C'est cela que permet la démocratie et qui en fait sa force. C'est pour cela que le débat d'idées qui, s'il est sincère, suppose du temps et des propositions de la part de ses acteurs. C'est tout le contraire de mettre chacun dans sa case en lui demandant de ne pas en sortir. Enfermer les acteurs sociaux dans des légitimités très restreintes, au-delà desquelles leur parole n'a pas à être prise en compte, assèche le débat social.

Et aujourd'hui la démocratie est en grande partie confisquée par une pratique du pouvoir ultra-centralisée et restreinte qui laisse très peu de place à la délibération. Je le dis franchement : je ne lâcherai rien sur ce sujet-là. Nous interpellerons et réagirons à chacune des situations qui le nécessiteront. Si tout cela n'a pas d'impact immédiat sur la façon de gouverner, cela finira par irriguer les manières de gouverner pour maintenant ou pour plus tard. C'est un enjeu majeur que se fixe le « Pacte du pouvoir de vivre » d'ici 2022.

Faire vivre la démocratie sous toutes ses formes

La démocratie représentative est régulièrement mise en cause aujourd'hui. Nous devons donc la défendre sans états d'âme. Elle est un héritage précieux de notre histoire, qui s'est solidement ancré dans nos institutions. Recueillir le suffrage universel, exercer des responsabilités parce qu'on a été élu pour cela, ce sont les fondements essentiels de notre démocratie. L'argument selon lequel un élu serait plus ou moins légitime selon le pourcentage de voix obtenu aux élections est parfaitement irrecevable tant que chaque citoyen a la possibilité de s'exprimer.

Le suffrage universel donne aux gouvernants la légitimité suprême pour gouverner. Il ne peut y avoir de doute là-dessus : ceux qui dirigent ont été élus par le peuple pour le faire ! Cela ne fait pas pour autant du vote la seule expression légitime des citoyens. Après une élection, ils ne cessent pas d'avoir voix au chapitre jusqu'au prochain scrutin. Et attention à ne pas considérer qu'entre les gouvernants et le peuple il n'y a rien ni personne : on a vu avec la crise des Gilets jaunes où cela pouvait conduire ! Une des plus graves erreurs de ce gouvernement a été de croire qu'il pourrait facilement s'installer dans un face-à-face direct avec le peuple et négliger les acteurs sociaux.

Le principe de majorité est fondamental car il permet de décider légitimement en dernière instance, mais il ne peut assurer à lui seul le fonctionnement de la démocratie. Il existe un autre temps essentiel dans la décision démocratique : celui du compromis. Or on ne fait pas de compromis avec le peuple en tant que tel. On en fait avec des acteurs engagés ; des personnes suffisamment organisées collectivement, qui se sont donné les moyens de réfléchir ensemble, d'avancer des propositions, et qui sont animées d'une véritable volonté d'aboutir à une solution, c'est-à-dire un compromis qui puisse passer par un accord collectif ou par l'implication des acteurs sociaux, si nécessaire, dans la rédaction d'un projet de loi.

Diversifier les formes d'association et d'implication directe des citoyens dans la décision publique est donc aujourd'hui un enjeu important. Le renforcement des initiatives et des dispositifs de démocratie participative – devenue aujourd'hui un passage obligé de l'action publique – va dans ce sens. On voit d'ailleurs se multiplier les initiatives qui permettent aux citoyens de prendre part à l'action publique, comme la Conférence citoyenne sur le climat de juin 2020. Des expériences de ce type, qui visent à organiser des relations directes entre les institutions et le peuple, méritent d'être encouragées et généralisées car elles répondent à une demande sociale réelle. Toutefois, je ne crois pas que la démocratie participative résolve à elle seule la crise de la démocratie représentative.

Nos sociétés ont besoin aujourd'hui d'un troisième type de démocratie qui vienne compléter les deux autres : la démocratie sociale, dans laquelle les responsables politiques traitent avec des acteurs organisés collectivement comme les syndicats, les associations. Cette forme d'organisation de la délibération démocratique présente un double intérêt. D'abord, elle enrichit la décision publique. Les organisations qui participent à la démocratie sociale ont déjà débattu entre elles. Elles sont parvenues à des compromis sur des propositions qu'elles ont hiérarchisées. Les acteurs sociaux de la démocratie sociale sont porteurs d'idées déjà travaillées, de contre-propositions argumentées. Ensuite, la démocratie sociale implique des acteurs qui ont une capacité à s'engager, à agir, et à se mobiliser pour mettre en œuvre les décisions. Le gouvernement a besoin d'interlocuteurs pour faire bouger la société. Il ne peut pas consulter le peuple en permanence. Les syndicats et le monde associatif sont le poumon d'une société, ils jouent un rôle essentiel dans sa respiration.

La démocratie vit du dialogue social

Certains disent que notre vision de la démocratie sociale est naïve ; c'est plutôt une vision dynamique. Prenons l'exemple de la mobilisation après le Grand Débat national en 2019, même si cela n'a pas produit tous les résultats escomptés. L'État a pris conscience qu'il ne pouvait agir seul sur ce terrain, qu'il ne pouvait se passer de l'expertise des acteurs pour la mise en œuvre de sa politique. Nous avons envoyé dans les préfectures des propositions d'actions à mener : accompagnement des demandeurs d'emploi, rénovation thermique des logements, etc. Nous nous sommes inscrits dans une démarche de coconstruction des politiques publiques, où l'État trace le cadre, donne des moyens et fait confiance aux acteurs de terrain pour proposer et ensuite mettre en œuvre ce qui a été validé ensemble. C'est bien ce que devraient faire les politiques publiques contractuelles, qui pourraient devenir de plus en plus le cadre de l'action de l'État. Nous sommes des « partenaires » de l'action publique. Nous ne nous contentons pas de donner notre avis sur les grandes questions de société. Nous nous engageons à apporter les solutions que nous jugeons le plus appropriées. Ce qui nous amène à avoir avec les responsables de l'action publique un dialogue exigeant.

On peut bien sûr passer par la loi, car, dans un État de droit, il y a le primat de la loi, expression de la volonté générale. Il faut donc tout faire pour qu'elle soit juste et pour l'appliquer. Sur certains sujets, je persiste néanmoins à croire que le contrat est beaucoup plus puissant que la loi, particulièrement lorsque sa mise en œuvre exige une pleine mobilisation de tous les acteurs qui s'y sont engagés. Il a ceci de particulier qu'il est fondé sur la confiance et l'engagement, alors que la loi est fondée sur la représentation et la contrainte. Et dans de nombreux domaines, la confiance et l'engagement sont plus moteurs que la contrainte. S'il faut rappeler l'importance et même la primauté de la loi, on ne peut pas considérer que tout doit passer par elle et qu'il suffit que chacun l'applique. Il existe dans certains cas un mode d'articulation de la loi et du contrat. Lors d'une négociation entre partenaires sociaux, les compromis trouvés sont des formes de contrats. Les contrats signés dans ce cadre-là acquièrent alors force de loi si le Parlement les valide depuis la loi Larcher. Nous l'avons fait à plusieurs reprises, par exemple sur l'emploi et la complémentaire santé en 2013. Nous avions signé un accord instituant le paiement de 50 % de la complémentaire santé par l'employeur pour les salariés du privé. Ensuite, le législateur l'a inscrit dans la loi. C'est une nouvelle articulation des relations entre institutions de l'État et acteurs sociaux organisés (syndicats, associations) qu'il faut faire émerger.

Quand on dit « mobilisation », tout le monde pense à l'organisation de manifestations (au demeurant fort utiles dans une démocratie pour exprimer ses idées et revendications). Cependant, la vraie mobilisation, c'est celle qui met la société en mouvement. Or, si l'on ne cherche pas à développer un dialogue social élargi, on ne met pas la société en mouvement. L'un des éléments essentiels, redisons-le, est de s'appuyer sur ceux qui sont engagés et de donner la possibilité aux gens de faire ! C'est dans cet esprit que nous avons conçu le « Pacte du pouvoir de vivre ». Mais comment mettre la société en mouvement, l'entraîner vers un objectif ?

C'est là que se pose la question de savoir ce qu'est un dirigeant, un responsable politique, syndical, économique ou associatif… C'est l'autre élément essentiel : porter une vision et entraîner les autres avec soi. On dit que c'est difficile, aujourd'hui, d'exercer des responsabilités : ce n'est pas si compliqué que cela ! On définit collectivement les objectifs à atteindre en fonction de la vision de la société dans laquelle on veut vivre. On trace une perspective. Ensuite, si l'on veut entraîner largement, *a fortiori* si on dirige un pays, on ne peut pas le faire seul, « avec ses petits bras » ou seulement avec son gouvernement. On le fait avec tous les acteurs. Ce qui est tout autre chose que de siffler et de donner des ordres. Dans cette situation, les actes d'autorité ne servent à rien. Il faut accorder aux acteurs sociaux – la société civile organisée, les syndicats et les associations – une place et un rôle importants. Ce sont eux qui sont en position de pouvoir porter des projets. Sinon, la société est bloquée, ou alors elle se met en mouvement de manière erratique.

Au début de la crise des Gilets jaunes, avant que le mouvement prenne de l'ampleur, j'avais fait la proposition d'une vaste conférence sociale. Que pouvait-on en attendre ? Certainement pas une solution miracle pour tous les problèmes et les conflits de la société française, il aurait été ridicule et naïf de penser cela, mais au moins deux choses fondamentales : la première était de donner la parole aux gens dans un cadre où cette parole aurait été écoutée. On a bien vu par la suite, pendant le Grand Débat, que ce besoin de parole était considérable. Et la seconde était de responsabiliser ceux qui sont force de proposition. Du fait même de participer à une réflexion et à une action collective, les acteurs sociaux s'engagent, en tout cas se mettent en situation de le faire. Faire confiance aux acteurs sociaux, c'est pour le gouvernement la garantie d'avoir des interlocuteurs responsables. C'est le cercle vertueux de la démocratie sociale.

C'est pourquoi, avec les autres signataires du « Pacte du pouvoir de vivre », nous avons demandé la tenue d'une conférence de ce type, une conférence sociale et écologique, pour envisager le moment post-Covid.

Le syndicalisme, un acteur majeur de la démocratie sociale

Ce serait une profonde erreur de considérer que la politique est le seul lieu pour traiter des problèmes qui engagent l'intérêt général. Les acteurs syndicaux jouent un rôle essentiel dans la respiration et le dynamisme d'une société. Je suis agacé quand j'entends dire que le syndicalisme doit s'en tenir étroitement à la seule défense des intérêts des salariés. Je suis au contraire tout à fait convaincu que les acteurs sociaux, économiques, syndicaux, associatifs, doivent prendre leur part à la construction de l'intérêt général. Nous sommes tout à fait légitimes pour aborder les enjeux transversaux importants tels que la transition écologique, la justice sociale ou le péril démocratique.

Il est vrai que cela nous place parfois dans une situation faussée : des personnes un peu indécises, un peu perdues, se tournent vers nous comme si nous étions une alternative politique. Et en toute modestie, je crois que la CFDT est devenue une sorte de repère pour certaines personnes.

D'autres, aujourd'hui, ne voient pas ou ne comprennent pas cette exigence de porter une vision d'ensemble. Elles nous disent : « Mais vous êtes une force politique ! » Non ! C'est le vide des partis, l'absence de pensée de certaines forces politiques qui donnent par contraste cette illusion d'une politisation de notre action. Beaucoup ne savent plus où ils vont, mais nous, nous n'avons pas baissé les bras.

La CFDT a toujours connu ce bouillonnement d'idées qui l'a conduite, par moments, à se positionner sur des problèmes de société. Nous entendions déjà que la CFDT était devenue un parti politique bis. Ce fut notamment le cas au début des années 1970, à l'époque d'Edmond Maire, quand l'organisation est allée jusqu'à être partie prenante des Assises du socialisme à l'automne 1974. Ce fut interprété par certains comme une dérive « politique ». Par la suite, vers la fin des années 1970 et au début des années 1980, nous avons « recentré » l'action de la CFDT sur ce qui en constitue le cœur : la question du travail et notre présence auprès des travailleurs. Si la CFDT est devenue la première organisation syndicale, c'est qu'elle est allée à la rencontre des travailleurs, au plus près des situations vécues, pour essayer de les améliorer concrètement. À partir du moment où l'on a compris qu'il fallait faire la preuve de notre utilité, cela a fortement joué sur les votes aux élections professionnelles. La CFDT s'est mobilisée sur l'action menée par nos militants dans les entreprises. Tous les jours, sur les lieux de travail et dans les administrations, ils interviennent sur les emplois, sur les salaires, sur les conditions de travail, sur la protection sociale, sur la défense individuelle et collective. C'est pour cela que nous avons obtenu la confiance des travailleurs.

Ce qui fait le sens de l'engagement syndical, c'est d'avoir les mains dans le cambouis et de pouvoir développer en même temps cette capacité d'utopie, de vision de long terme. C'est l'équilibre entre les deux positions qu'il faut tenir. L'héritage historique de la CFDT, c'est autant la volonté de comprendre la réalité dans sa complexité et les tensions qui la traversent que l'action concrète du militantisme au quotidien. Cette double préoccupation a permis à la CFDT d'avoir l'audience qui est aujourd'hui la sienne : agir pour la transformation sociale, en portant une utopie mobilisatrice d'un point de vue global, tout en restant totalement ancrée dans la réalité des travailleurs dans les établissements ou les entreprises. La CFDT regroupe des personnes qui vivent des situations très différentes et qui ont cependant une vision partagée, des objectifs communs. S'ils adhèrent à une même organisation, c'est que celle-ci à la fois s'occupe de situations concrètes et porte une vision globale de justice sociale.

Selon les périodes, on ne met pas le curseur au même endroit. Ces dernières années, les questions de société sont à nouveau devenues centrales. C'est pourquoi nous intervenons fortement sur ces sujets : les inégalités entre les femmes et les hommes, le racisme et les discriminations, la question écologique, mais aussi celle des territoires, des modes d'habitat et des transports. C'est beaucoup plus large que les questions classiques du travail, des inégalités de revenus et de la protection sociale.

Mais ce qui est intéressant, c'est de voir comment les questions de société deviennent aujourd'hui des questions sociales. Prenons la transition écologique et le réchauffement climatique. Pour la CFDT, ce sont des questions anciennes, que nous avons prises en compte dès 1977 avec la publication de l'ouvrage *Les Dégâts du progrès*[1] qui, à sa parution, avait profondément marqué le débat public. Chez nous, l'écologie n'est pas une mode ! À l'époque, c'était une préoccupation émergente, qui relevait davantage de la réflexion sur le type de société que l'on voulait construire que d'une exigence contraignante. Aujourd'hui, la question de société qu'était alors l'écologie est devenue une question sociale centrale parce qu'elle a un impact perceptible et direct sur l'emploi, sur les conditions de travail, sur la vie quotidienne de chacun. Nous devons donc la prendre en charge globalement.

Autre exemple : la pauvreté. C'est typiquement un sujet qui n'a aucun impact direct sur l'audience de la CFDT et le nombre de voix qu'elle obtient aux élections professionnelles. Pourquoi nous sommes-nous tant investis sur ce sujet ? Parce que c'est une question qui touche à nos valeurs, bien sûr, mais aussi à la démocratie elle-même. La frontière entre la situation de travail et la situation de pauvreté est très ténue, très poreuse. Comme le travail ne permet plus forcément d'avoir des conditions de vie décentes, les allers-retours entre les situations de pauvreté et les situations de travail avec un revenu modeste sont fréquents. Notre point de départ, c'est la défense des intérêts des travailleurs. Cela ne se limite pas à

1. CFDT, *Les Dégâts du progrès. Les travailleurs face au changement technique*, Le Seuil, 1977.

intervenir uniquement dans le champ du travail, cela demande d'agir conformément à une certaine vision du monde et de la société. C'est pourquoi j'assume complètement que nous soyons une organisation qui compte faire encore davantage pour ceux qui sont le plus en difficulté, y compris dans les choix de solidarité intrasalariale. On m'a parfois reproché, à l'intérieur comme à l'extérieur de la CFDT, de trop parler de notre combat contre la pauvreté et de pointer les inégalités, y compris à l'intérieur du monde du travail. Pourtant, elles existent ; nous devons les regarder en face et nous engager pour les combattre.

Le compromis est un sport de combat

Le président et le gouvernement ne sont pas responsables à eux seuls de l'état détérioré du dialogue social et de la faible place qu'y prennent les acteurs sociaux. Ceux-ci ont leur responsabilité dans cette situation. Beaucoup rechignent à s'engager dans le dialogue social : ils y voient une forme de compromission et non une prise de responsabilité. Je n'ai pas la même analyse. Pour moi, refuser un compromis positif issu d'une négociation loyale, c'est refuser de s'engager. Lorsqu'on a signé un compromis, on est contraint de le respecter, de le faire vivre, de le défendre. L'engagement dans un compromis avec les partenaires est un pas fait par chacun.

À un moment donné, il nous faut des responsables qui acceptent d'assumer leur part de prise de risque. Une négociation n'est pas un jeu entre amis ni une partie de plaisir. Pour garder le cap dans une négociation, il faut constamment avoir à l'esprit le sens de l'action et les valeurs qui sont en jeu. Qui n'a jamais participé à une négociation sociale n'imagine pas la tension qui y règne. Personnellement, je ne connais pas d'autre situation où elle est aussi forte. Les sections syndicales CFDT ont signé de nombreux accords où il a fallu être solide pour tenir nos engagements. Je prends un exemple qui concerne les Chantiers de l'Atlantique à Saint-Nazaire. En 2014, il fallait adapter l'outil de production pour conquérir de nouveaux marchés, faire de nouveaux investissements, mais aussi modifier l'organisation du travail et la répartition de la richesse créée. La CFDT, avec une autre organisation, la CGC, a signé un accord portant sur l'organisation du travail et la stratégie de l'entreprise. Au départ, les réactions ont été très violentes, c'était la trahison ultime ! Les militants CFDT se sont fait interpeller par des militants d'autres organisations parce que nous avions signé cet accord qui faisait évoluer l'accord 35 heures, alors même qu'ils l'avaient contesté quand on l'avait signé en 1996… Mais la section syndicale CFDT a tenu bon, l'accord de 2014 a été mis en place, l'argument étant qu'il y aurait retour sur investissement. Les deux premières années, évidemment, se sont avérées difficiles.

Puis les commandes de paquebots sont arrivées en nombre, en raison de l'évolution de la capacité de production, de l'organisation, de la capacité à répondre aux délais, etc. Autant de changements qui avaient rétabli de la confiance. Un suivi très précis de la mise en œuvre de cet accord a démontré que les conditions de travail n'avaient pas été dégradées. Et l'intéressement versé aux salariés a été significatif, car la situation économique s'était grandement améliorée. Deux ans après, aux élections professionnelles, la CFDT et la CGC, qui avaient signé l'accord, ont progressé, contrairement à la CGT et FO qui, elles, l'avaient refusé. Dans cette période de crise économique post-Covid, beaucoup de sections syndicales d'entreprises seront confrontées à ce type de choix. Et parce que je les connais et connais leur engagement sincère, je sais que les militantes et militants CFDT feront toujours les bons choix au service de l'intérêt des travailleurs.

On me cite parfois des contre-exemples, comme la négociation sur l'assurance chômage en 2019, qui s'est en effet mal passée et où les partenaires sociaux ne sont pas parvenus à un accord. Les raisons de cet échec sont nombreuses. Le gouvernement ne s'est pas contenté de l'accord signé un an auparavant, qui avait permis de faire 800 millions d'euros d'économie. Il a voulu obtenir davantage. Très perturbé par la crise des Gilets jaunes, il s'est trouvé pris dans des tergiversations et des hésitations incessantes. Sur la forme juridique : loi ou accord ? Sur le rythme : achever la négociation à la fin 2018 ou attendre après les élections européennes ? Sur le cadrage budgétaire ultra-serré. Nous ne pouvions pas accepter les propositions qui nous étaient faites, car elles contredisaient de nombreux accords que nous avions signés auparavant. En 2008, c'est nous qui avions signé, seuls, l'accord qui permettait aux demandeurs d'emploi d'être indemnisés dès lors qu'ils avaient travaillé quatre mois lors des vingt-huit derniers mois, ce qui permettait d'inclure beaucoup de travailleurs précaires. Le gouvernement voulait remettre en cause ce principe et accentuer la pression sur les demandeurs d'emploi. Nous ne pouvions pas suivre le gouvernement sur ce terrain. J'assume mes propos : le gouvernement nous a menti dans cette négociation. Nous n'étions plus dans le cadre d'un programme de lutte contre la précarité. Ils n'ont pas mis en place le bonus-malus pour toutes les entreprises qui vise à limiter les recours aux contrats courts. Le président avait écrit dans son livre programme, avant l'élection, qu'il n'y aurait pas de dégressivité. C'est pourtant ce qu'a fait le gouvernement, en instaurant une baisse des allocations de chômage au bout de six mois pour les hauts revenus. Ce n'était pas le programme présidentiel ! C'est typiquement une attitude qui casse le processus de négociation. On ne peut pas négocier s'il n'y a pas de loyauté et si les discours changent selon les interlocuteurs.

Dans la situation actuelle, le dialogue dépend aussi de la capacité des entreprises à assumer leurs responsabilités. Dans ce cadre, il faut conditionner l'aide publique aux entreprises à leur faculté et à leur volonté à développer du dialogue social. Nul besoin de modifier le Code du travail pour l'adapter à la situation des entreprises : tout y est. En revanche, je suis persuadé qu'il faut absolument renforcer les moyens d'intervention et d'action des représentants du personnel. Le gouvernement doit aujourd'hui faire le bilan des ordonnances de 2017 qui ont simplifié les instances représentatives des personnels et institué les comités sociaux et économiques, considérer que certains points ne sont pas satisfaisants, puis décider d'élargir le champ du dialogue social sur des sujets comme l'organisation du travail, qui ne fait pas aujourd'hui l'objet de négociations dans les entreprises. Le gouvernement devrait décider, comme mentionné précédement, que sur les sujets majeurs pour l'entreprise, comme les évolutions de l'emploi, la stratégie économique ou l'utilisation des aides publiques, un avis conforme du comité social et économique de l'entreprise est nécessaire.

Si les acteurs patronaux n'évoluent pas dans le sens d'un dialogue social plus approfondi et loyal, il faut les y astreindre par des règles. Il faut bien sûr essayer de convaincre que le dialogue social est la seule voie de passage, mais, si cela ne suffit pas, nous devons les contraindre à prendre cette voie.

Remettre de la civilité dans le débat public

Le débat public était tendu avant la crise. Elle n'a fait que le tendre un peu plus en nourrissant encore l'angoisse de la précarisation et la peur du lendemain. Les gens savent qu'ils vivent une transformation profonde du monde et de la planète. La numérisation de la vie quotidienne et du travail, la crise écologique, le vieillissement de la population, le creusement des inégalités, l'instabilité du monde en général, tout cela suscite des interrogations, des incertitudes, et donc de l'inquiétude. À cela s'ajoutent les cadres médiatiques du débat public qui poussent à substituer les slogans aux idées. Quand je suis invité à la matinale d'une radio, il est très difficile d'expliquer une position nuancée. Ça ne passe pas toujours, dans ce format. Il faut garder ce contexte en tête pour comprendre l'état et les formes du débat public.

Les réseaux sociaux sont en partie responsables de cette dégradation du débat : s'ils en ont été dans un premier temps le symptôme, ils ont permis l'accélération du processus. Ils favorisent la simplification à l'excès et contribuent à durcir les antagonismes. Ils forcent les opinions à se tendre à outrance, au point qu'elles deviennent de simples éructations haineuses. Il faut trouver les moyens de calmer cette fureur, de refroidir ces passions. Je ne sais pas exactement ce qu'il faut faire, mais nous ne pouvons accepter que les réseaux sociaux, qui peuvent être de formidables outils de participation de tous au débat démocratique, deviennent un facteur de recul de ce débat. Il appartient aux responsables de résister à cela ! Le rôle d'un responsable politique n'est pas d'en rajouter et de publier des tweets qui ne valent guère mieux que des commentaires de comptoir ! On a déjà trop de commentateurs dans ce pays, et pas assez d'acteurs engagés.

Le respect de ses interlocuteurs comme de ceux qu'on représente est fondamental. Quand quelqu'un vient discuter avec vous pour vous dire que cela ne va pas, qu'il n'est pas d'accord avec telle chose et qu'il est dans une situation difficile, si votre première réponse est le mépris, vous faites une double faute : vous l'offensez et vous vous en faites un ennemi. Car s'il y a une chose dont on ne se relève jamais, c'est bien d'une humiliation. On peut pardonner des actes, des erreurs, mais pas d'avoir été humilié. La première responsabilité des politiques est de ne pas humilier. Cela commence par deux choses : la maîtrise de la parole et le respect de l'engagement pris. C'est pourquoi les « petites phrases » sont désastreuses pour le débat public. Le président de la République l'a très bien dit dans son discours à l'OIT à Genève en juin 2019 : il faut en finir avec le mépris des « sachants ». Le dire, c'est bien, se l'appliquer, c'est une exigence.

Je n'ai pas d'ennemis, juste des adversaires

Dans le débat public, quand il n'y a plus de civilité, de respect de l'autre, on transforme ses adversaires en ennemis. Nous avons atteint aujourd'hui des niveaux d'intolérance inacceptables. Il y a quelque temps, nous avons participé à une manifestation intersyndicale à Bruxelles. J'ai été sifflé par les militants de la CGT alors que mon intervention, qui ne durait que quelques minutes, disait quasiment, sur ces sujets, la même chose que celle de Philippe Martinez ! C'est inacceptable !

Les journalistes me demandent : « Vous vous voyez, avec Philippe Martinez et Yves Veyrier[2] ? » Je parle régulièrement avec les deux ! Je n'ai pas d'ennemis dans le syndicalisme. Je n'en ai nulle part chez les acteurs sociaux. Dans le syndicalisme salarié comme dans le syndicalisme patronal, chacun a sa forme de légitimité. J'ai des adversaires dans le sens où nous nous confrontons dans le débat d'idées. Cela n'en fait pas des ennemis.

Le populisme du Rassemblement national

En politique, je n'ai pas d'ennemis non plus, sinon l'extrême droite et le Rassemblement national. Quelle organisation syndicale aujourd'hui est

2. Secrétaire général de Force ouvrière.

capable de le dire aussi clairement ? Il faut affronter le Rassemblement national par le débat d'idée et la clareté des positions. Je crois par exemple que dans cette période, il faut régulariser des travailleurs sans-papiers, notamment ceux qui ont été exposés au Covid-19, ce à quoi est évidemment opposé le Rassemblement national. Peu importe si cela plaît ou non, si c'est populaire ou non, mais, quand il faut prendre position sur les valeurs fondamentales, nous ne renonçons jamais. La seule chose qui me mettrait mal à l'aise, c'est si je pensais que ce que l'on fait n'est pas conforme à nos valeurs.

Avec la mondialisation, certains ont le sentiment d'avoir été abandonnés, de ne plus avoir de prise sur les choses, de ne plus comprendre le sens de leur travail. Pour eux, la mondialisation est une menace et l'État et nos systèmes sociaux ne les en protègent pas, ou mal. Leur défense est de se replier sur ce qu'ils imaginent être leur identité et de rejeter tout ce qui viendrait la « compromettre ». À l'opposé, toute une part de la société, souvent les mieux lotis, est parfaitement à l'aise dans la mondialisation. Cette polarisation est particulièrement forte dans la jeunesse. Il y a une jeunesse qui a le monde pour horizon et une autre pour qui il se limite au quartier ou à la zone rurale et qui pense que le reste du monde n'est pas pour elle. Regardons les votes aux élections européennes : la jeunesse ultra-connectée a voté principalement Verts et En Marche. Et la jeunesse « empêchée » n'a majoritairement pas voté et, quand elle a voté, c'était pour le Rassemblement national.

Là est le vrai danger du Rassemblement national : il traduit mieux que quiconque le mal-être de ceux qui sont relégués ou qui ont le sentiment d'être relégués. Je le dis clairement : s'il ne me restait qu'un seul combat, ce serait contre le Rassemblement national. Mes reproches s'adressent aussi à ceux qui ne veulent pas mener le combat quotidien sur la question sociale. Cela revient de fait à laisser ces sujets au Rassemblement national qui, sur ce terrain, a des positions presque gauchistes !

L'accusation de « populisme » ne nous fait pas progresser si on ne fait rien pour ouvrir un horizon social ! Le populisme, c'est s'adresser directement au peuple comme s'il était un tout homogène. C'est ce que fait le Rassemblement national. Cela revient à considérer qu'on doit agir, gouverner, en fonction de ce qu'on pense être les désirs et les attentes immédiats de ce peuple, ou plutôt de ce qu'on souhaite qu'ils soient. Victor Hugo disait que les problèmes apparaissent quand le peuple devient foule, et qu'on s'adresse moins à sa volonté qu'à ses instincts. Aujourd'hui, dans notre pays, il faudrait parler soit aux tripes, soit à la tête. Entre les deux, il y a pourtant le cœur, dont personne ne parle jamais. Je crois qu'il faut être attentif aux trois. Je crois qu'il est normal d'entendre le cri qui vient des tripes, le cri viscéral, mais qu'il faut aussi s'adresser à la raison, au sens de la réalité de chacun, sans oublier de parler au cœur, car c'est avec lui qu'on entraîne les gens.

NOUS Y SOMMES

Notre société a trop longtemps fermé les yeux sur les périls qui la menacent. Ce temps est révolu. L'urgence écologique nous saute à la figure et l'ampleur des inégalités sociales n'est plus tolérable. Elles minent un pacte social qui nous a pourtant permis de tenir debout ces derniers mois, alors même que la crise sanitaire mettait à l'épreuve la solidité du lien qui le fait tenir.

Si nous ne voulons pas voir disparaître notre modèle social, nous devons le réinventer. Dans les discours, à peu près tout le monde est d'accord. Mais les mots cachent des réactions très différentes. Par gros temps, certains se contentent de s'agripper au bastingage : on se replie sur ses certitudes, sans toujours l'admettre, en attendant que l'orage passe. Mais l'horizon a changé. Aujourd'hui, il faut aller de l'avant. J'ai beaucoup aimé ce que m'a dit un jour l'historien Patrick Boucheron : « Dans l'histoire, les événements les plus énormes n'ont pas toujours produit de profonds changements. » Il n'est pas sûr, en définitive, que l'événement mondial que nous avons connu produise grand-chose de lui-même. C'est cet immobilisme qu'il faut éviter. Nous devons passer de la sidération à l'action. Il n'y aura pas de travail sur une planète devenue irrespirable.

S'il est un objectif que tous les acteurs doivent partager, c'est bien celui-là : transmettre à nos enfants une terre habitable. Et j'ajouterais : une terre habitable et équitable. Sans justice sociale, je ne donne pas cher de notre société. Mais le pire n'est jamais sûr et j'ai de bonnes raisons d'espérer. Des réactions spontanées me font croire à un sursaut. Pendant la crise sanitaire, on a vu s'organiser spontanément de multiples initiatives de solidarité. Nos équipes syndicales ont participé à ce mouvement.

Un autre signe me donne de l'espoir. Au lendemain du déconfinement, mi-mai, le premier sujet qui a mobilisé la population, et notamment la jeunesse, c'est le refus du racisme. Nous sortions à peine de plus de deux mois de mise sous cloche de la société et de nombreuses personnes sont descendues dans la rue un peu partout dans le monde pour rappeler que nous ne pouvons pas vivre continuellement confinés, les uns à côté des autres, sans se respecter mutuellement. Trop de personnes sont exclues d'une participation normale à la société du fait de leur couleur de peau : elles ont du mal à accéder à un logement, à trouver un boulot, on leur refuse même l'entrée des boîtes de nuit (et c'est loin d'être anecdotique !). Certaines sont victimes d'agressions verbales ou physiques. C'est inacceptable. Qui peut encore rester impassible face à de telles discriminations ? Le message de cette jeunesse qui défile contre le racisme doit être entendu par tous les acteurs de la vie publique.

Sur le sujet des discriminations, comme sur les autres sujets brûlants qui fragilisent notre société, réagissons. Responsables politiques, employeurs, acteurs sociaux, syndicalistes ; nous devons tous nous parler et nous réinventer. Nous devons admettre que nos intérêts immédiats sont parfois divergents, qu'aucun de nous ne détient toute la vérité, que l'heure n'est plus aux décisions qui tombent d'en haut à la verticale. Le temps est venu des compromis issus de la discussion et de la confrontation des idées. N'attendons pas qu'un oracle nous montre du doigt la voie à suivre. L'action d'un chef de l'État et d'un gouvernement est indispensable, mais il ne faut pas tout en attendre. On doit donner à chacun la capacité d'agir à son niveau. Tel est le sens de l'engagement syndical que j'ai voulu développer dans ce livre.

J'ai souvent dit que le syndicalisme était mortel. Pour ne pas sombrer, il doit s'appuyer sur ce qui fait sa force : la proximité organique avec les salariés du privé, les agents du service public et, aujourd'hui, les travailleurs free-lance. C'est à partir de leurs expériences, de leurs expertises, que nous pouvons construire des perspectives. Il s'agit non seulement d'améliorer dès maintenant le quotidien, mais aussi d'imaginer les mutations de demain. La première sera la transition écologique. Elle sera une opportunité pour créer des emplois qui ont du sens, imaginer un modèle de production plus respectueux de l'environnement, ainsi que des femmes et des hommes qui le font vivre. Il faut pour cela rapidement poser des jalons. J'en ai évoqué plusieurs dans ce livre : une autre capacité à mesurer le progrès, une Europe forte car plus juste, plus démocratique, plus solidaire, une société qui ne laisse personne sur le bord de la route, un dialogue social renforcé. Entre l'ambition et l'engagement, il n'y a pas à choisir. Les deux se complètent et s'alimentent. On doit regarder loin en agissant tout de suite sur la réalité.

J'entends souvent que la CFDT serait trop conciliante. Pourtant, le projet qu'elle porte et pour lequel les militants se battent au quotidien est absolument radical. Il ne se résume pas à un slogan. Dire toute la diversité de la société ne tient pas en une phrase. Il faut savoir affronter cette complexité et l'assumer. La nier, c'est effacer ce qui fait la richesse et la diversité de la société, mais aussi les différentes facettes de chaque personne. Cette ambition ne peut pas tenir tout entière dans les limites d'un livre. J'ai voulu à travers ces pages montrer que la crise n'a fait qu'aiguiser l'exigence de justice et d'égalité. Elle a manifesté pour tous l'urgence et la nécessité d'une transformation.

Nous y sommes.

Donnons-nous un nouveau cap et engageons vite les changements que nous voulons vivre.

REMERCIEMENTS

Mes remerciements vont à Joël Roman avec qui les échanges et le dialogue m'ont permis de poser les idées sur le papier ;

Gilles Achache, qui m'a incité à écrire ce livre et y a consacré énergie et empathie ;

Cécile Cottereau, Dominique Primault, Élise Roy, Camille Chardonnet, qui ont relu le texte et m'ont donné leurs avis aiguisés ;

Aurélie Seigne, Christophe Dague, Maher Tekaya, Mariano Fandos, Anne-Juliette Lecourt, Nicolas Fourmont, Thibaut Seiller, qui ont apporté idées et corrections ;

Mireille, qui au-delà de ses relectures exigeantes et fines partage l'ambition d'une société plus juste et rend ma vie belle.

TABLE DES MATIÈRES

Photocomposition NORD COMPO

Achevé d'imprimer en septembre 2020
par CPI BRODARD & TAUPIN (72200 La Flèche)
pour le compte des Éditions Calmann-Lévy
21, rue du Montparnasse, 75006 Paris

PAPIER À BASE DE
FIBRES CERTIFIÉES

CALMANN LEVY s'engage
pour l'environnement en réduisant
l'empreinte carbone de ses livres.
Celle de cet exemplaire est de :
0,650 kg éq. CO_2
Rendez-vous sur
www.calmann-levy-durable.fr

N° d'éditeur : 2871741/01
N° d'imprimeur : 3038529
Dépôt légal : septembre 2020
Imprimé en France.